Константин Хёльбаум

ОСНОВАНИЕ НЕМЕЦКОЙ КОЛОНИИ НА ДВИНЕ

Перевод и комментарии
Алекса Дрегера

AFZ ETHNOS e.V.
DORTMUND 2021

Константин Хёльбаум. Основание немецкой колонии на Двине. Исторический очерк. Перевод и комментарии Алекса Дрегера. 120 с.
Konstantin Höhlbaum. Die Gründung der deutschen Kolonie an der Düna. Übersetzung und Kommentare von Alex Dreger. 120 S.

Корректура: Татьяна Фризен
Lektorat: Tatiana Friesen

Вёрстка и дизайн: Артём Шеллер
Layoutdesign: Artem Scheller

Herausgeber: Ausbildungs- und Forschungszentrum ETHNOS e.V.
Bezugsadresse: AFZ ETHNOS e.V., Bermesdickerstr. 9, 44357 Dortmund
Tel.: +49 231/3173020 E-Mail: afz.ethnos@gmail.com

ISBN 978-3-98527-501-4

Bibliografische Information der Deutschen Nationalbibliothek: Die Deutsche Nationalbibliothek verzeichnet diese Publikation in der Deutschen Nationalbibliografie; detaillierte bibliografische Daten sind im Internet über http://dnb.d-nb.de abrufbar.

Оглавление

Предисловие. 5
Основание немецкой колонии на Двине. 11
Комментарии 61

Предисловие

В работе Константина Хёльбаума (Konstantin Höhlbaum) «Основание немецкой колонии на Двине», вышедшей в сборнике Ганзейского исторического сообщества в 1872 году, критически рассматривается версия об основании Риги бременскими купцами. Автор опровергает устоявшуюся точку зрения и делает попытку выяснить приблизительную дату возникновения города.

Характерно, что Рига рассматривается историком как один из немецких городов, каковым он на тот момент и являлся, невзирая на то, что с 1710 года Рига находилась под скипетром российских государей. Юридически включение Лифляндии и Эстляндии в состав Российской империи было закреплено Ништадским мирным договором в 1721 году. При этом обе провинции получили широкую экономическую, социальную, культурную и административную автономию, резко отличающую их от остальных российских территорий. Отчасти это было связано с поддержкой, оказанной местным немецким населением российскому государству в ходе Северной войны. Вся последующая история Остзейского края в составе Российской империи прошла в попытках центральной власти урезать предоставленные привилегии. Первые шаги такого рода были предприняты при Екатерине II, однако вплоть до 1917 года Лифляндия и Эстляндия оставались автономной территорией, сохранявшей свой немецкий национальный характер даже в эпоху объединения Германии и связанного с этим ростом германофобии в России.

Рига стала административным центром Рижской губернии (а затем Лифляндии) в 1713 году и одним из важнейших портов Российской империи. Хотя Рига и превратилась в резиденцию назначаемого из Санкт-Петербурга генерал-губернатора, однако влияние его на жизнь самого города было минимальным. Обширное самоуправление благотворно сказывалось на экономической и культурной жизни города. В 1761 году в Риге начали издаваться «Рижские объявления» („Rigische Anzeigen“) на немецком языке, ставшие первым печатным органом в регионе. Помимо самой газеты, издавалось также научное приложение („Gelehrte Beyträge zu den Rigischen Anzeigen“). Это отразило возросшее значение города как центра просвещения в Остзейских провинциях. К тому времени Рига значительно выросла территориально. В XVIII веке город состоял из Старой Риги в границах крепостных валов, кварталов в пределах палисада и сельской «марки» за его пределами.

Во главе старой Риги стоял выбираемый патрициями города бургомистр. Из числа «лучших людей» формировался и городской совет. На примере «Списка жителей губернского города Риги в 1786 году»[1] можно проследить роль немецкого населения в жизни города. К тому времени Старая Рига была административно разделена на южную и северную половины, которые, в свою очередь, делились на две четверти. Списки жителей северной половины города составлялись под руководством старейшины гильдии «Черноголовых»[2] М. В. Фишера, а южной – под руководством старейшины Большой гильдии А. Г. Зенгбуша. Оба они являлись гражданами города, купцами и судовладельцами. В списки заносились: имя, фамилия и возраст каждого жителя; число детей с

1 ЦГИА Латв. ССР. Ф. 233. Оп. 1. Д. 797. Л. 12-13

2 Возникшая в конце XIII века гильдия молодых и неженатых иностранных купцов, живших в Риге, но не являвшихся её гражданами. Сохранился устав торгового сообщества 1416 года. Гильдия существует в настоящее время, её штаб-квартира расположена в Бремене. «Дом черноголовых» в Риге восстановлен и является туристической жемчужиной города.

указанием их имён и возраста; наличие недвижимости; характер пребывания в городе. У именитых бюргеров отмечались их должности или почётные звания, у всех остальных горожан – род занятий или источники существования. Горожане вносились в списки по семьям. Документ составлен на немецком языке, как и всё остальное делопроизводство в Риге того периода.

К купечеству относилось 445 семей. Все они принадлежали к немецкому или западноевропейскому населению города. 6 семей из них имели дворянское звание – Барклай де Толли, Бредшнейдер, Эссен, Фромхольд, Гернгросс и Фишер. Потомки некоторых этих родов оставили яркий след в российской истории.

Данные о происхождении купцов имеются в отношении порядка 400 человек. Из них только 140 являлись коренными жителями Риги. 103 человека указали местом своего рождения города Западной Европы, причём абсолютное большинство родилось в германских государствах. Аналогичная картина наблюдается в отношении ремесленников. Мастеров в 50 цехах было 446 человек. Все цеха были немецкими. Остальные ремесленники были представлены подмастерьями и учениками. Причём из 412 человек с указаниями места рождения только 85 родились в Риге. А остальные происходили преимущественно из городов Северной Германии.

Представители медицинских, образовательных, юридических и инженерных специальностей также имели немецкое происхождение. Значительная их часть прибыла из Германии или училась в её университетах.

Описание содержит лишь 8 записей о дворянах, военных или чиновниках (или их вдовах). Это такие известные фигуры, как вдова генерал-губернатора Бровна (урождённая Менгден), граф Менгден, Отто фон Фитингоф, Л.И. Будберг, Х. Г. Анреп, вдова барона Кампенгаузена и другие.

Ненемецкое население Риги было представлено в низших слоях общества. Всего, по данным описания, в Старой Риге проживало около 500 латышей и совсем небольшое количество представителей других народов.

Всего же в списках было зафиксировано наличие в Старой Риге в 1786 году 5358 душ населения и 681 дома.

Таким образом, мы можем констатировать, что и в составе Российской империи Старая Рига сохранила свой изначально немецкий характер. Более того, у города сохранились исторические связи с Германией, жители которой продолжали пополнять ряды рижан.

На приведённом примере мы наблюдаем уникальный пример существования развитой и наиболее успешной немецкой автономии в российском государстве. События XX века привели к исчезновению немецкой культуры и немецкого населения в Прибалтике. И лишь архитектура ганзейских Риги и Ревеля напоминает сейчас об интересном прошлом этих городов.

Константин Хёльбаум

ОСНОВАНИЕ НЕМЕЦКОЙ КОЛОНИИ НА ДВИНЕ

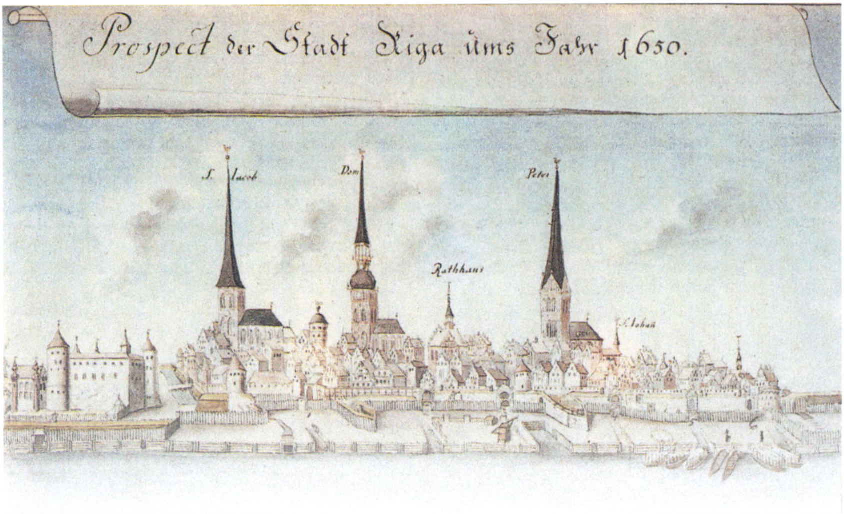

В середине XVI века на восточном берегу Балтийского моря произошла кровавая катастрофа. Старая Ливония[1] – немецкая колония – рухнула; и её самостоятельность, её имя безвозвратно ушли в прошлое. Внутренние распри и разногласия, сонливость и отсутствие мужества, жадные до добычи соседи, тянувшие руки к овладению приносящего прибыль побережья, холодное безучастие страны-матери[2] в лучшем случае отпускавшей своих ищущих приключений сыновей в края между Неманом[3] и Наровой[4] – всё это приблизило результат, под влиянием которого находится нынешнее поколение, сохраняя при этом с упорством и верностью достижения прошлого. На фоне эгоистичной политики Ордена[5] и духовенства, которая поглощала и их силы, и силы страны, уступая врагам территорию; на фоне половинчатой политики империи и из-за корысти честолюбивой челяди светских и духовных князей Ливонии[6] городам, которые, как это часто бывало, хранили рыцарское достоинство и волю к сопротивлению, по крайней мере протянуть руку помощи товарищам попытались государства северной Германии[7] Но и тут, и там ядро их оказывалось «подточено» грызущим червём корысти и бессердечия. Города Ганзы[8] вполне осознавали «внушающие ужас вооружение, обман, устрашение и тиранию Московита», которые обрушились на «милую сердцу провинцию», и собравшийся на День Святого Иакова[9] в 1559 году в Любеке[10] съезд Ганзы посчитал вполне возможным «предположить, что если Московит покорит землю и города, удобно закрепится одной ногой на Балтике, овладеет всем морем, построит и оснастит галеоны, то это приведёт к чрезвычайным осложнениям и беде не только для приморских городов, но и для всех окружающих соседних королевств, княжеств и земель». Но одно лишь только это осознание не повлекло за собой действия. Немного пороха, некоторое количество штурмовых крюков и, наконец, одобрение пятилетнего налога для оказания финансовой поддержки Риге[11] и Ревелю[12] были единственным ответом на все призывы о помощи со стороны многочисленных делегаций из-за моря. «Да увидит Господь на небесах, что при нужде друзья так редко готовы к милосердию!» Любек не мог забыть, как его шедшие в Выборг корабли задерживались ливонскими пиратами, и что был распущен слух, согласно которому он назывался поджигателем русской войны и другом великого князя; назревала угроза обращения с жалобой к кайзеру[13] и империи[14] Бремен[15] чувствовал себя слишком скованным собственными распрями, чтобы тратить силы в опасной дали; саксонские[16] и вестфальские[17] города спрятались за отговорками; оставшийся в одиночестве Штральзунд[18] и прусские члены Союза[19] при всей своей доброй воле не были в состоянии оказать достаточной помощи. Города угрожаемой колонии, с другой стороны, невзирая на изменившиеся времена, не могли найти в себе силы отойти от буквы ганзейских уставов. Рига переживала за своими крепостными стенами гражданский и партийный раздор, Дерпт[20] испытывал на себе давление двойственной духовной власти, Ревель видел угрозу своим торговым путям со стороны укреплённой в устье Наровы Нарвы, пытаясь перетянуть на себя торговлю и полагая, что сможет воспрепятствовать этому посылкой каперов. Таким образом, и тут, даже несмотря на полное напряжение сил, подрывалась способность к сопротивлению, что сделало невозможным использование даже небольшой поддержки с родины. Рассвет 1562 года осветил могилу ливонской свободы, озаряя кровавые поля с трупами, разрушенные деревни и города. Нить, связывавшая колонии с отчизной, была разорвана.[20a]

Четыре столетия сохранялась эта связь – сохранялась во славу немецкого имени. Христианство и Церковь, государственное устройство, высокое чувство гражданской ответственности укоренили немецкое мужество и немецкую выдержку на далёком балтийском берегу. Колония сохраняла дух своих основателей и была не чужда родине. Даже сегодня славится она своим германским происхождением. И с полным правом! Потому что поднятые в XII веке паруса означали больше, чем простая высадка на чужой, заселённый язычниками, берег и получение выгоды от освоения скрытых богатств. Столетиями соприкасалась земля ливов,[21] леттов[22] и эстов[23] с чужими народами, но ни скандинавы,[24] ни славяне[25] не думали об основании приносящего плоды поселения. Последние довольствовались оброком, который они время от времени собирали с небольшой части страны, «поскольку обычай русских королей состоял в том, чтобы не приобщать покорённый ими народ к христианству, а получать с него подати и деньги». И «только после ухода князя русских, – воскликнул ретивый в вере хронист, – сошла богобоязненность на ливов».[26] Благодаря немецкому духу и немецкой настойчивости, её удалось крепко укоренить, и она стала приносить благородные плоды, превратившие бескрайние леса и болота в очаги цивилизации среди чуждого по духу племени, которое увидел просвящённый народ, заботившийся о собственных ценностях. То, что немецкое присутствие и немецкий дух укоренились здесь, было следствием первых поездок немецких купцов на Двину. Поэтому, когда мы подчёркиваем высокую роль немецкого Средневековья, они должны упоминаться в числе первых и в дальнейшем являться предметом исторических изысканий. И тем больше, чем меньше взгляд раннего наблюдателя мог отвлечься от многообразных проявлений неоформившейся традиции. И тут тоже обязанностью критики является отделение правды от вымысла с тем, чтобы расчистить путь неискажённым источникам информации.

На протяжении веков горожан и духовенство Бремена – старого города на Везере[27] – привыкли считать первооткрывателями, колонистами и миссионерами земель у Двины; отдельные же голоса в пользу Любека в скором времени утихли. Господствующей точкой зрения стало, что корабль бременских купцов, занесённый штормом в устье Двины в 1158 или 1159 году, послужил отправной точкой к более частым посещениям и христианизации тамошних язычников. До сих пор эта теория находит многочисленных сторонников и убеждённых защитников. Опирается она на кажущееся неоспоримым свидетельство. Вплоть до начала последнего десятилетия можно было ссылаться на слова старейшего хрониста Ливонии Генриха Латвийского.[28] На страницах его труда, написанного в 1226 году, можно прочесть: «Разные и славные события случились со времени обращения народа в христианство за прошедшие 67 лет с тех пор, как бременские купцы первыми открыли ливонские гавани». Рассказы более поздних писателей лишь подтверждали и дополняли это. Однако бросалось в глаза, что это событие осталось незамеченным современными ему летописцами Германии, например, – следующим летописцем колонии, создателем древней рифмованной хроники и капелланом ордена, Генрихом фон Вартберге[29]. Другим, как полагали, вызывающим доверие летописцем, был автор загадочной «старой» латинской хроники Бремена, сохранённой в виде коротких выписок Иоганном Фохтом[30], летописцем Немецкого ордена в Пруссии. Однако оба сказателя навсегда утратили свой авторитет на фоне бытовавшего мнения.

Десять лет назад, в библиотеке одного польского графа в Варшаве, удалось найти пергаментную рукопись Генриха, которая в силу своего возраста привлекла к себе заслуженное внимание исследователей ливонской истории. Датируемый концом XIII – началом XIV века текст этой рукописи Замойских[31] предлагал исконную и более ясную форму, чем кодексы[32] относящиеся к XVI веку и ещё более раннему периоду происхождения. Публикация нового, отличного от прежних, текста и заслуживающий благодарности полный его перевод на немецкий доказывают, что устоявшееся мнение о приоритете бременских купцов в деле открытия Ливонии является поздней, не имеющей никакой ценности, интерпретацией. Это утверждение полностью отсутствует в единственном на сегодняшний день авторитетном источнике и самым решительным образом опровергнуто как фальшивое дополнение[33] Так, самым беспощадным образом была порушена основа традиции, пустившей глубокие корни. Опору лишь на старые свидетельства Бремена также необходимо пересмотреть. Переписанные Фохтом отрывки из Бременской хроники Адама Бременского,[34] которые были им самим некритично окружены ореолом достоверности, уже возбуждали смелые подозрения, пока Колю,[35] наконец, не удалось провести надлежащее расследование в Бремене, выявившее, что загадочное произведение – ничто иное, как дважды отпечатанная в Касселе[36] в начале XVII века книга Дилиха[37] «Urbis Bremae – Typus et Chronicon»[38], основанная всего лишь на работе бременского компилятора Иоганна Реннера![39, 40]

Следовательно, в пользу славы Бремена как первооткрывателя Лифляндии говорят только косвенные, напрямую не относящиеся к приведённым фактам свидетельства, происхождение которых можно в общих чертах проследить. С тех пор, как примерно с 1380 года Германн фон Вартберге более не возвращался к своим рукописям, историография в Ливонии затихла на долгое время (насколько мы можем судить сегодня). Ряд коротких орденских хроник был начат в конце XV века и продолжался до середины XVI века; с запутанной хронологией, осветившей лишь события в Ордене, хронисты пропустили первые годы существования немецкой колонии, начав повествование только с 1235 года, который они ошибочно считали годом назначения первого магистра. Наряду с этим следует отметить Очерк лифляндской истории[41] Томаса Хорнера[42], напечатанный в 1551 году и получивший широкое распространение. В нём также нет никаких сведений о открытии, впервые упомянутом в середине XIII-го столетия Бартоломеусом Грефенталем[43], который в своей ливонской летописи относил это событие к 1160 году и приписывал городу Бремен. Затем сообщение повторялось известными писателями Балтазаром Руссовым[44] и Иоганном Реннером и соотносилось с 1158 годом. Уже от них, а точнее, от первого из названных, это утверждение было принято всеми последующими летописцами провинций. Они опирались на рукопись Генриха, и после некоторых их расчётов была получена другая дата; Реннер примкнул к летописи Руссова. Последний, относительно упомянутых им фактов, в посвящении своего труда бременскому городскому совету ссылался на «ясные и неоспоримые» сообщения в «древних ливонских и многих других хрониках», под первой из которых нужно понимать уже известный тогда искажённый текст Генриха, которым он пользовался (равно как и Грефенталь)[45]; а под «другими хрониками» могут подразумеваться только многочисленные бременские исторические произведения, которые также прославляли закрепление их города на побережье Балтики. О них мы скоро поговорим подробнее. Но сначала обратимся к орденским хроникам из Пруссии. Они умалчивают о продвижении немецкого купечества, касаясь только церковной жизни и отношений между рыцарями в государстве на Двине; и только большая хроника великого магистра,[46] чьё возникновение приходится на начало XVI века, повторяет в точном соответствии со старой рифмованной ливонской хроникой[47] рассказ о знаменательном плавании к Двине. Источник дополняет хронику только 1158 годом, однако и он не упоминает о бременцах. Откуда появилась дата, мы не сможем судить до того момента, пока не ознакомимся с историей её возникновения; относить же её к труду Генриха нельзя, поскольку между ними отсутствует какая-либо связь. Возможно, что эту дату почерпнули из какого-то устного источника, или она была приведена в более раннем, не дошедшем до нас, письменном источнике, или же дата появилась под влиянием сделанных наскоро записей. В любом случае, хроника великого магистра не могла рассчитывать на какой-то авторитет у старейших сторонников Бремена, внеся лишь неописуемую путаницу.

Старейшие бременские летописцы также, как и умерший в 1517 году настоятель гамбургского собора Альберт Кранц[48] (Albert Krantz), устранились от оценки этой традиции. Но среди них есть одна хроника, которая не чужда традиции и которая позволила себе следовать ей в изображении событий. Это – первое, написанное на немецком языке, историческое сочинение Ринесберха и Шене,[49] посвящённое Бремену и завершённое предположительно в 1395 году. Из него следует, что в 1195 году в Ливонии, благодаря гражданам Бремена, был основан Орден, который своим великим началом должен быть благодарен горожанам и городу Бремену. Именно от него было на вечные времена получено право, подобно рыцарству, носить белые плащи, что помимо него было дозволено лишь гражданам Любека. Потому в своих молитвах Орден в первую очередь просил о заступничестве за граждан Бремена.[50] Это сказание было переведено на латынь бременским хронистом Генрихом Вольтерсом[51]

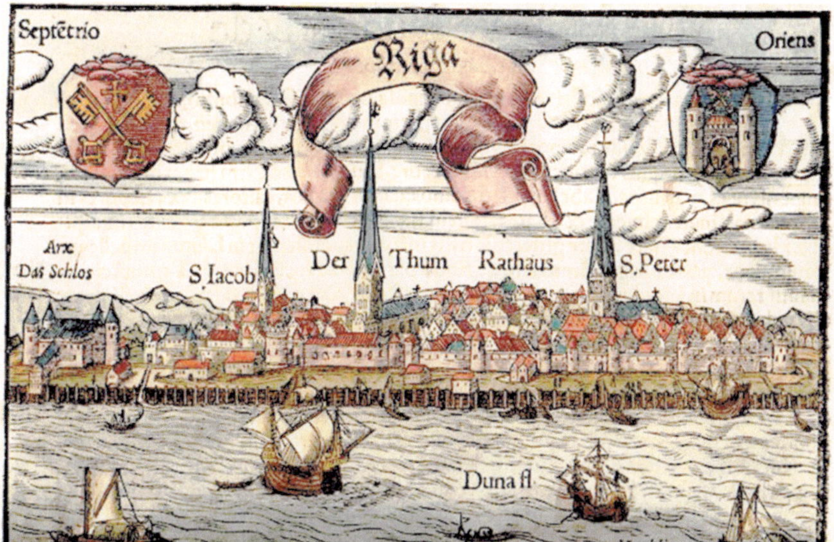

в 1460 году. В нём принудительно объединены разрозненные эпизоды, но, тем не менее, можно разглядеть появление и становление саги об открытии Ливонии бременцами. Эпизоды из истории города, архиепископства и Немецкого ордена были представлены как части единого целого, но автор при этом всё своё внимание уделил последним.

Горожане Бремена и Любека достаточно рано, ещё в начале XIV века, считались основателями Немецкого Ордена на востоке, о чём свидетельствуют и орденские уставы конца XIII века. Вплоть до наших дней считалось, что в 1190 году жители обоих городов дали жизнь сообществу рыцарей в Акконе.[52] Только открытие относящейся к началу XIII века[53] аутентичной истории основания и других документов более раннего периода, а также критическое осмысление находок исправили надолго укоренившиеся ошибочные выводы исследователей. Только возведение палаточного госпиталя для заботы о больных пилигримах могут приписывать своим предкам жители городов на Северном море и на Балтике; основание же самого Ордена принадлежит сообществам рыцарей и князей и произошло это много лет спустя: в 1198 году оно было подтверждено, и рыцари получили право носить белый плащ тамплиеров как одеяние Ордена. Жертвенную деятельность горожан на службе в госпитале Орден, однако, не забыл и действительно включал бременцев и любекцев в свои молитвы. Однако их привилегия быть наравне с рыцарями Ордена существовала лишь «только в фантазиях озабоченных честью своих городов жителей Бремена и Любека и их историков». Этот городской патриотизм безраздельно господствовал в указанное нами время – с XIV до XVI века; а Ринесберх (Rynesberch) и Шене (Schene) его впервые описали. Но и для них преувеличенная во славу родного города традиция настолько отдалила в туманную даль реальные события конца XII века, что они оказались не в состоянии отличить основанный в 1198 году Немецкий Орден от его ветви, расположенной в современной Ливонии. Эта самоидентификация, нашедшая отражение в приведённых словах хроники, во второй половине XIV века была близка бременцу, который видел комтурство[54] Немецкого Ордена в стенах родного города и мог наблюдать за его тесными отношениями с ливонскими магистрами. С началом четвёртого десятилетия XIII века в Бремене, как и во многих других местах, Орден основал своё представительство, подчинённое, разумеется, магистру Немецкого Ордена. Как только взор рыцарей был обращён в сторону Лифляндии, городской совет принял в 1244 году решение, что «подворье рыцарей в Бремене никогда не должно быть передано Ливонии или Пруссии». В течение последующих столетий нити, связывающие обе ветви Ордена на берегах Балтики с филиалом на Везере, завязывались всё крепче. Комтурство, находясь в переходном периоде, всё больше отдалялось от аббатства Вестфалия. Едва успело состояться окончательное отделение, как свершившимся фактом становится то обстоятельство, что бременский комтур обязан подчиняться магистру Ливонского Ордена как своему начальнику. Уже в 1426 году магистр Циссе фон Рутенберх[55] сам называет город Бремен и его «достопочтенных предков первыми меценатами и сооснователями всего Ордена». С крахом ливонского орденского государства завершается и существование бременского комтурства. Столь тесная взаимосвязь полностью объясняет встречающуюся путаницу в сообщении Ринесберха и Шене.[56]

Для нашего вопроса оба взгляда также представляют интерес. Тут и там господствовала традиция, что бременцы основали Орден и заложили основу лифляндского государства. Исходя из этого неясного представления, хронисты обрели ещё менее обоснованное воззрение, что открытие Ливонии и основание Ордена – не два различных процесса, а одно и то же событие, относящееся ко второй половине XII века. Оно поддерживалось твёрдо установленным историческим фактом, а именно тем, что обращение в христианство язычников на берегу Балтики исходило из Бременского архиепископства, которому Папа подчинил вновь основанное лифляндское епископство.

Безвозвратно прошли времена, когда парящий ввысь дух Адальберта[57] стремился превратить своё епископство в северное патриаршество. Мощное политическое влияние бременской церкви было серьёзно подорвано, когда в начале XII века от неё отделилась датская церковь с самостоятельным епископством Лунд.[58] Удар следовал за ударом, и Гартвих I фон Штаде[59] вынужден был пережить не только поражения в борьбе с саксонским герцогством Генриха Льва;[60] в дополнение к этому норвежская церковная провинция была объявлена самостоятельной.

С возведением городской резиденции Нидарос (Трондхейм)[61] и провозглашением лундского архиепископа папским легатом и примасом Швеции,[62] Скандинавия оказалось вырвана из-под действенного влияния бременско-гамбургского архиепископства. Поэтому подтверждение императором и папой старинных прав метрополии не имело практического успеха. И крайне сомнительными они стали в неспокойные годы, когда на архиепископском троне сидели Балдуин[63] и Зигфрид.[64] Только при Гартвиге II[65] (с 25 января 1185 года) забрезжил слабый свет надежды. Однако прежнее господство над скандинавскими территориями он не смог восстановить. Папа Лука III[66] в послании от 4 мая 1185 года уверял его в своей милости и расположении, но не полагал разумным восстановление главенства бременского архиепископства. С тем большей благодарностью должен был принять архиепископ подтверждение своих владетельных прав как основатель епископств Любек, Шверин[67] и Ратцебург[68], узрев в подчинении нового епископства Икскюль[69] на берегах Двины многообещающую, хоть и не возмещающую потерь, компенсацию (25 сентября и 1 октября 1188 года)[70]. К бременско-гамбургской епархии принадлежали ревностные в вере мужи, пустившиеся в путь для проповеди Евангелия среди языческих леттов и ливов. «Они чувствовали сильную руку Господа и пользовались божественной покорностью их слушателей»[71]; дабы укрепить плоды своих деяний, им было необходимо добиваться поддержки родной церкви и получить посвящение из рук Бременского архиепископа. Майнхард,[72] Бертольд,[73] Альберт[74] – апостолы ливов и основатели христианского государства у Двины – не только добровольно признали верховенство архиепископства, но и получили от него силы для цветущего развития своего епископства. Гартвих II был вынужден осы́пать молодую поросль в «Стране Божьей Матери»[75] знаками своего расположения, чтобы использовать в качестве оружия против расширяющегося датского архиепископства; поскольку из попыток, предпринимаемых на восточном берегу Балтики королём и церковью Дании под патронажем Папы, в последних десятилетиях XII и первых десятилетиях XIII веков грозила вырасти опасность, пренебрегать которой не следовало.[76] Однако неожиданный решающий удар последовал не с этой стороны, а был нанесён дочерней церковью. Из семени выросло могучее дерево, более не нуждавшееся в опеке. Энергичная деятельность епископа Альберта завершилась успехом, найдя своё признание уже 20 февраля

1213 года в заявлении Папы Иннокентия III,[77] согласно которому рижская церковь впредь была свободна от любой формы господства метрополий. Представители Бременско-гамбургского архиепископства от борьбы не отказались. Повторив после смерти Альберта свои попытки восстановить своё прежнее влияние при избрании его преемника, они проиграли. В «награду» им достались жёсткие слова главы христианства. Ливонская церквь, занявшая независимое и чётко определённое положение, насмехалась над разгоравшимся гневом. Последняя видимость какого-то авторитета материнской церкви на берегах Эльбы и Везера рассеялась под впечатлением от факта назначения Альберта Зуэрбеера[78] папским легатом и архиепископом Пруссии, Ливонии и Эстляндии[79] в 1246 году.[80]

На наш взгляд, на отношения в церкви повлиял тот факт, что появилось множество доказательств того, что патриотические летописцы – Ринесберх и Шене – могли предположить возвращение ливонского государства к бременской инициативе. С подобающей пышностью окружила материнская церковь установление креста на берегах Двины. Неудивительно, что его лучи сияли ещё и в последующие века и дали полностью созреть плоду традиции, перемешавшей факты.

Таким образом, налицо все предпосылки, позволившие обоим летописцам Бремена конца XIV века мастерски изобразить открытие их предшественниками устья Двины. Их положительный отзыв определил дальнейшие представления, а также привёл к окончательным толкованиям хроники Генриха Латвийского.[81] Предположительно тем же неясным представлениям и переносом позднейших событий на более ранние века мы, вероятно, тоже обязаны необоснованному сообщению об участии бременских граждан в строительстве города Рига.[82]

По-видимому, с теми же обстоятельствами связано указание Ринесберхом и Шене даты 1159 года. Хронология указанных событий «Ордена Ливонии» отмечена ими не случайно, коли они сочли нужным добавить: «и если бы можно было бы обратиться к орденским хроникам, где приведён каждый год Господа», то нашлась бы и дата нашего события. В такой неопределённости им хочется найти выход, следуя проторенной дорожкой, то есть, снова обращаясь к истории материнской церкви и её последующим отношениям с Ливонией. Так же, как в своих рассказах они не смогли отделить историю города от истории церкви и во временной власти метрополии над ливонским епископством узрели истоки немецкой колонии, так и при определении времени они позволяют себе быть зависимыми от свидетельства, которое должно было бы обосновать бременские притязания на север Ливонии. Больше всего

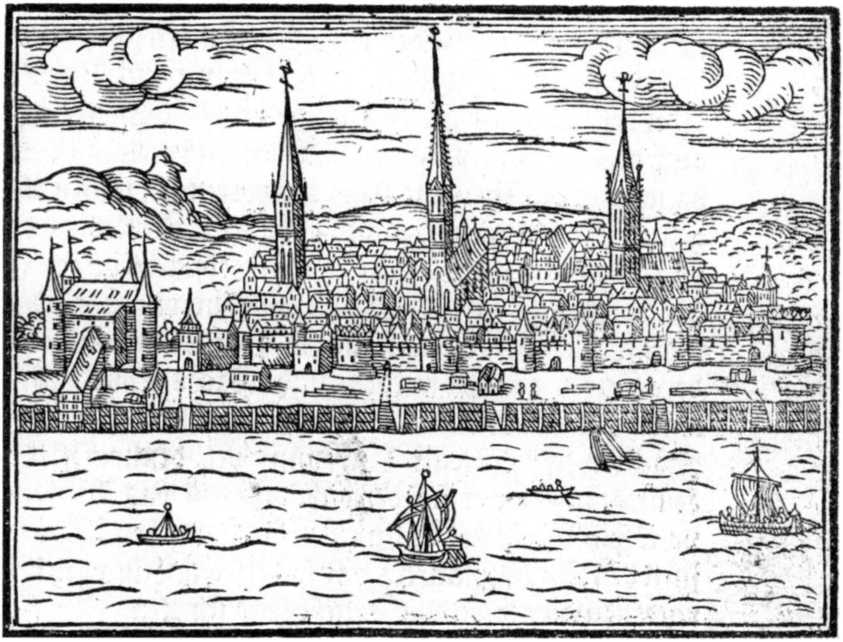

этому назначению отвечала папская булла от 21 февраля 1159 года, которой Адриан IV[83] подтверждал Бременско-Гамбургскому архиепископству всё, чем он владел в настоящее время по справедливости и по праву,[84] «или будет им приобретено в будущем с разрешения папы, в виде подарка короля и князей, приношения ленников или каким-либо иным законным образом». Именно из-за неопределённости формулировок и потому, что не упоминались северные епископства Скандинавии, этот документ мог, пусть ему и не сопутствовали реальные успехи, рассматриваться в качестве кажущегося обоснования бременских притязаний на Ливонию. Это последнее папское подтверждение прав Бремена перед основанием икскюльского епископства должно было казаться нашим растерянным писателям более подходящим, чем булла Виктора IV[85] 1160 года, где перечисляются только Альденбург,[86] Мекленбург[87] и Ратцебург в качестве бременско-гамбургских суффраганов. Возможно эти воззрения были усилены произошедшим в предыдущем году подтверждением их архиепископских прав императором Фридрихом I.[88][89] Впрочем, это предположение кажется менее вероятным, чем наше предыдущее свидетельство о содержании целого отрывка из бременской хроники.

В любом случае, можно определённо говорить о том, что тот, кто желает критически рассмотреть начало немецкой жизни на берегах Двины, не может черпать сведения ни из малодостоверного источника на исходе XIV века, ни из переиначенной рукописи хроники Генриха. Настоящая летопись не знает ничего об участии бременцев в первом плавании к Двине, и ничего не знает о 1159 годе.

При недостатке достоверных свидетельств ещё можно говорить о возможности или вероятности бременской инициативы, как это было недавно сделано.[90] Но при беспристрастном размышлении исключается и она. Это должно было проистекать из более древних отношений Ливонии с северной Германией. Если мы не станем подразумевать «бременский» там, где в хрониках и письмах стоит слово «немецкий», то мы весьма редко встретим бременцев на восточных берегах Балтийского моря. То, что количество духовных лиц, ведущих проповедь среди леттов и ливов, в большинстве своём происходило из бременской общины, то это вполне естественно, так как Искюль, а позже Рига, были суффраганами[91] Гамбурга-Бремена и, как известно, архиепископство включало в себя большую часть нижнесаксонских областей. Также тут нельзя ставить знак равенства между проповедником и представителем благородного сословия или торговцем. И даже среди духовенства, вплоть до истечения третьего десятилетия XIII века, только Иоганн фон Фехте,[92] Фолькхард фон Гарпенштеде[93] и епископ Альберт с его кланом принадлежат к ближней округе Бремена; все остальные происходят из провинций от Зегеберга[94] до Альтцелле,[95] вплоть до Падерборна[96]. Имена дворян и графов фон Хамерслеве,[97] Хомбург,[98] Йерихо,[99] Люнебург,[100] Майендорпе[101], Орламюнде[102], Плессе[103], Зехузен[104], Сладем[105], Тизенхузен,[106] Дассель,[107] Дортмунд,[108] Ибург,[109] Изенборг,[110] цур Липпе,[111] Пирмонт[112] и многие другие указывают частью на Вестфалию,[113] частью на брауншвейгско-магдебургский регион; князья Борвин фон Мекленбург,[114] Вицлав фон Рюген[115] относятся к балтийскому бассейну; семьи фон Штумпенхузен[116] и Вильдесхузен[117] проживали в районе Хойи[118] и Ольденбурга и только родовой замок Родольфа фон Штотля[119] лежал вблизи Бремена (южнее нынешнего Бремерхафена). Такое же соотношение с другими землями Германии наблюдается и в последующее время. Это тем более примечательно, поскольку в первые четыре десятилетия ход колонизации должен был быть наиболее сильным. Намного более весомым для нас является вопрос, насколько далеко можно отследить участие бременских граждан. Ответом на него получается примечательно низкое их число, по сравнению с купцами и горожанами других немецких городов, причём не только к началу колонизации, но и в последующее время. Только в XV веке начинается оживлённое сообщение между бременскими и ливонскими структурами, достигшее вершины своего развития к середине XVI века.

Невзирая на своё давнее знакомство со шведами и норвежцами, которое он приобрёл в обществе гамбургско-бременских миссионеров уже в IX и X веках, бременский купец, кажется, и не намеревался рассматривать Балтику и её берега в качестве благоприятного региона для своей деятельности. И взгляд его ещё долго был преимущественно обращён на Запад и на берега Северного моря. Англия являлась пунктом назначения бременской торговли уже с начала XII столетия, на британские острова город на Везере был нацелен уже одним своим географическим положением. При таком оживлённом сообщении не было недостатка в надёжных клиентах. С началом следующего столетия оно усилилось, и англо-бременская торговля достигла высокой степени развития. Бремен не только вкушал королевские привилегии, но уже в 1213 году являлся «первым немецким городом, чьи граждане вслед за кёльнцами получили в Англии защиту и льготы». Самым первым Бремен вступил в конфликт с судебными приставами английских портовых городов, познал арест и освобождение своих товаров. Совершенно очевидно, что его силы были прежде всего развёрнуты на британском берегу; а наряду с этим,[120] и на голландской территории, вероятно, уже с первой трети XIII века. Бремен входил в круг городов северо-западной Германии, которые состояли в Рейнском союзе городов. Все эти свидетельства говорят о том, что главное направление меркантильных интересов Бремена следует искать на Западе. На Балтике началась его конкуренция с быстро и счастливо расцветшим Любеком, и только намного позже – с другими городами, и по-видимому, без значительных успехов. В то время, как значительное число других немецких городов уже сумело получить от датского короля защитные грамоты для свободной торговли, Бремен смог обезопасить себя против суровых правил сословного права только в 1228 году благодаря королю Вальдемару II.[121] Но всё-таки он принял участие в известном торговом соглашении, которое Мстислав Давыдович Смоленский[122] заключил с рижанами, немецкими купцами и представителями готландского побережья в 1229 году; представлял Бремен Генрих Цайзиг.[123] Если мы обратим внимание лишь на его место при перечислении делегатов и на то, что согласно древней новгородской Скра[124] ключи от «сундука Св. Петра»[125] были доверены представителям Готланда, Любека, Зоеста и Дортмунда, без какого-либо упоминания о Бремене, что и при более поздних торговых переговорах с Русью город на Везере не упоминался, и что король Вальдемар II после своего освобождения, при котором он гарантировал немецким городам и в будущем свободную торговлю в своём королевстве, выделял при этом только Любек и Гамбург (Lüb. U. B. Nr. 28), то придём к единственно возможному заключению, что в остальном важный торговый город на Везере играл на Балтике отведённую ему весьма незначительную роль, а его участие в трактате 1229 года было довольно второстепенным. Усматривать в этом какое-то превосходство Бремена над восточными городами, и сделать из этого вывод о ещё более внушительном его превосходстве уже в XII столетии, без всякого сомнения, невозможно, и это вступает в прямое противоречие со всем тем, что предлагает нам устоявшееся мнение историков. Наконец, не следует забывать, что ещё в конце XIII века раскол между западным и восточным морями носил почти принципиальный характер, что к этому времени Бремен не присоединился к известному Ростокскому земскому миру;[126] что в скором времени он вступил в острые противоречия с остальными, а именно, с прибалтийскими городами, поддержав короля в борьбе за Норвегию. Самое же резкое опровержение этого встречается в исторических свидетельствах самих ливонских городов. В Риге, самом старом и значимом колониальном городе на Балтике (немецкий Дерпт был основан только в 1224 году, а Ревель около 1430 года) должны были бы находиться самые заметные следы продолжительных тесных контактов с Бременом, если бы она действительно была обязана ему своим происхождением. Между тем, до нас не дошла ни одна грамота из прямой переписки между городами вплоть до конца XIV века. И если мы посмотрим на дошедшие до нас в большом количестве имена рижских граждан, то в части внешних и внутренних связей на долю Бремена и его купцов приходилась лишь крайне незначительная часть. Но было бы немыслимо и противоречило бы всей прежней практике, что после первого посещения Двины бременские купцы и корабелы таким странным способом вдруг отказались бы от приносящей прибыль торговли и на века практически полностью исчезли из Ливонии. Данное обстоятельство должно быть упомянуто в качестве важного аргумента против принятия версии о бременской колонизации и переноса главных бременских устремлений на запад.

Так что, нет никаких прямых доказательств, что первое знакомство немцев со страной ливов исходило от бременцев, и что они принимали какое-то значимое участие в торговле с ливонскими землями.

К этому выводу, по большей части, можно было прийти уже после находки упомянутой рукописи Замойских, тем не менее, старая небылица вновь и вновь перессказывается даже в исследованиях и повествованиях, посвящённых исключительно древней истории Ливонии. Последним таким примером служит новейший трактат Й. Г. Коля «Zur Vorgeschichte Livlands, zweite unverstümmelte Ausgabe“» (Лейпциг, 1872 [127]), который, среди других произведениий этого автора, старается доказать бременскую инициативу. Ради справедливости воздержимся от опровержения отдельных пунктов, потому что пали устои господствовавшего в этой работе воззрения. Неоспоримое признание, напротив, нашёл факт появления Codex Zamoscianus Е. Пабста,[128] который ещё двадцать пять лет назад своим скрупулёзным исследованием пробовал защитить славу первого бременского похода к Двине и представить её незыблемой.[129] За ним последовал доклад Эмка[130] в Бремене, который, к сожалению, стал доступен для всеобщего пользования лишь в общих чертах (Weserzeitung, 1870, Nr. 8304); полная его публикация сделала бы, скорее всего, ненужными эти строки, поскольку докладчик привёл, в основном, те же идеи, которые были нами вышеизложены. И, наконец, во введении к ганзейскому сборнику Коппманн оставил в стороне старую небылицу и принял иное происхождение ливонской немецкости, не будучи стеснённым в изложении своих взглядов.[131]

После того, как была представлена необоснованность приписывать немецкое господство на Двине влиянию Бремена, нужно попытаться составить на основе истинных исторических преданий свидетельства, на основе которых для окончательного разрешения вопроса можно было бы получить положительный результат. Для этого мы обратили наше внимание на основные пункты, между которыми происходило движение на Балтике – на историю Готланда, Любека, Риги и их связи с российским рынком. Для наглядности будет оправданно выбрать примерно вторую четверть XIII столетия.

В давным-давно забытые века лодки отважных викингов бороздили водные пути Балтики. Выходящие в поход предприимчивые норманны покидали берега Скандинавии и шли к лежащим напротив Эйсисслaсу (Эзелю[132]) и Дагаитису (Даго[133]). Часто они видели шхеры Финляндии и устремлялись в устье Ну (Невы[134]). Двина часто несла смельчаков на гребне своих волн. И не только война и трофеи были их целью, но и ценные товары из далёкой Греции везли они на северную родину. Это было время, когда согласно старой саге Готланд уходил днём под воду, а ночью плавал по воде; и ещё не было человека, который принёс бы огонь на землю, чтобы она более никогда не тонула. И вдоль берега родного полуострова стрелой летела лодка вдаль, неся норманна на битву и разбой. Везде, где его нога вступала на сушу, он сеял страх впереди себя по всему побережью Балтики. Он пробивался сквозь Каттегат[135] и далее направлял свой путь к берегам Северного моря. Славянин, курш[136] и эст пытались делать то же, что и он. Им также удавались грабёж и каперство, но плодотворные и творческие элементы не были свойственны их природе, поэтому они и близко не смогли приблизиться к величественной деятельности норманнов, создавших государства у Океана и Средиземного моря.

Во времена этого хаоса, когда пересекались друг с другом корабли морских разбойников, разумеется, вряд ли можно было говорить о регулярных торговых плаваниях, таких, например, которые предпринимали бы немецкие бюргеры на своих торговых судах. Как только немецкий миссионер отваживался украдкой отправиться в языческие Бирка и Сигтуна вместе с купцом, на него нападали пираты. Вероятно, отдельные первопроходцы продвигались с запада в Шлезвиг; но в целом датчане и славяне господствовали на море. В Бардовике[137] славяне выступали посредниками при обороте немецких и скандинавских товаров. Только там разнузданность уступила место порядку, а закон заменил грубую силу, принимая определённые формы и создавая систему устойчивых торговых взаимоотношений. Это время XII столетия, когда из Бардовика чувствовалась определяющая и созидающая рука герцога Льва. Только незадолго до него была заложена основа немецкой торговли на Балтике. При взгляде на юго-западное побережье становится ясным её происхождение.

На древненемецкой земле возникла славянская крепостная стена, которая, будучи надёжно защищена, отделяла немцев от пользования дарами моря и решения возложенных на них природой национальных и цивилизаторских задач на востоке. Не раз пробовали немецкие короли и церковь её проломить. Безуспешно. Славянский князь, вставший под крест и распространявший в своей стране Евангелие под защитой бременского Адальберта, Готтшальк из Вагрии[138], встретил сопротивление своего народа, был убит, а его династия свержена (1066 год). Языческое славянство опять взяло верх, следы христианской жизни были уничтожены, соседняя немецкая территория до Гамбурга и датского Шлезвига была подвергнута грабежу и опустошению. Мощную славянскую державу объединил в конце того же столетия Генрих, сын убитого Готтшалька. Он также поклялся в верности Саксонскому герцогству и склонялся к христианству; на его дворе в старом Любеке в устье Швартау,[139] на слиянии с Тра́ве,[140] возвышалась, однако, единственная христианская церковь;

по-видимому, отсюда и началась торговля с Востоком. Но племя ободритов всё ещё оттесняло своих немецких соседей, грабило их добро и сжигало поселения. Выход к морю был всё ещё закрыт для Нижней Саксонии. Смерть Генриха (в 1124 или 1125 году) стала переломным событием. Пережившие его сыновья враждовали и убивали друг друга, разделение вендского племени на отдельные роды поставило под вопрос их господство на море. «Впредь не обращение в веру и нравственность, а изгнание и уничтожение стали судьбой, уготованной этой западной ветви большого славянского племени».[141] Королевскую власть в Вагрии, в полабских[142] и ободритских[143] землях получил из рук короля Лотаря[144] датский герцог Южной Ютландии Кнуд Лавард.[145] Вряд ли он обладал столь же грозной властью для противостояния североальбингским и голштинским графам, однако немецкие основы во время его короткого правления обрели некоторую значимость, и на несколько лет снова вернулось спокойствие. При дворе Лотаря, тогда ещё герцога Саксонии, во время своего длительного пребывания, Кнуд познакомился с немецким воином; вернувшись домой, он очистил от разбойников с большой дороги местность между Эйдером[146] и Шлейем,[147] отразил набеги вендских пиратов и заново освятил в Любеке построенную Генрихом христианскую церковь.[148] Вполне вероятно, что нормы права и мира (juris et pacis decreta) между немцами и готландцами, изданные королём Лотарем и впоследствии утверждённые Генрихом Львом, мы могли бы объяснить его участием в их составлении или, по крайней мере, они были созданы в период его правления. После убийства Кнуда Лаварда (1131), ознаменовавшего завершение славянского королевства, освободился путь для Нижней Саксонии, готовившей благодатную почву для обращения язычников в веру. После кончины Лотаря в 1137 году история страны оказалась ещё сильнее привязана к судьбе

Германии. После того, как славяне были изгнаны, влиятельный граф из династии Шауэнбургов[149] выстроил оборону для защиты священника и купца. Граф Адольф II,[150] «предприимчивый человек, увидев, насколько благоприятно местоположение и великолепна гавань», построил город Любек у слияния рек Тра́ве и Вакениц.[151] Несмотря на набеги вендов, он превратился в значимый рынок. Усердие фризов, голландцев и вестфальцев, последовавших зову графа, содействовало развитию города. Герцог Генрих Лев ополчился против новостроя, страшный пожар опустошил город. Герцогский Лёвенштадт[152] не смог даровать (купцам – А.Д.) преимуществ Любека. Итогом стало соглашение, заключённое Генрихом и Адольфом в 1158 году, позволившее Любеку воскреснуть из пепла, и «с тех пор процветала жизнь города всё больше, и число жителей удвоилось». Вскоре город был возведён до положения центра епископства, получившего под руководством герцога немалую самостоятельность по отношению к гамбургско-бременскому архиепископству.

Для понимания вопроса необходимо упоминание этого, казалось бы, отвлечённого эпизода. Потому что здесь, в Вагрийской земле, сходятся нити предыстории Ливонии, чьё заселение является последним звеном длинной цепи. Славянин занял пути выхода Германии на восток, но нежизнеспособность его повелителей вынудила его отступить под натиском нижнесаксонцев. Примерно в середине XII века результат был достигнут, выход к Балтийскому морю для немцев открыт. Овладение землями в устье Двины стало последним в цепи развития событий. Обратимся же к недостающим звеньям.

Герцог Генрих богато обустроил своё новое детище. Его деятельность по наведению правового порядка также должна была способствовать материальному процветанию, что обеспечило ему самому́ долгую память потомков. Своему городу он даровал самодостаточную и жизнеутверждающую конституцию, создал надёжную и гибкую основу для свободы передвижения. Это последнее обстоятельство заслуживает нашего внимания. Для балтийской торговли 1163 год имеет самое большое значение. К этому периоду относятся два письма Генриха Льва о привилегиях: в первом (Lüb. U. B. Nr. 3), написанном 18 октября в Артленбурге[153] на Эльбе, он восстанавливает мир между немцами и готландцами. Готу было дозволено с того момента без помех передвигаться по всему герцогству Саксония, а против всех невзгод ему гарантируется защита его прав; за убийство гота, нанесение ему увечий и телесных повреждений саксу грозит смертная казнь; вся строгость закона направлена на его благоденствие в герцогских землях; один год и один день сохраняется в неприкосновенности наследство гота, умершего по эту сторону моря, только потом оно передаётся судьям города; во всём готландец ставится в равное положение с местным купцом; но условием получения всех этих благ, помимо взаимности, является частое посещение любекской гавани. Несколько недель спустя в документе, известном нам только из указа императора Фридриха I[154] 1188 года (Lüb. U. B. Nr. 7), освобождаются приглашаемые для торговли «русские, готы, норманны и другие народы Востока» от пошлин и ганзы (торгового сбора).[155] Тем самым был налажен торговый путь на север для всей Германии. Потому как послабления, с одной стороны, идут на пользу прибывающим иностранцам, с другой, по замыслу Генриха, они должны коснуться не только Любека, но и всего герцогства Саксония. И, когда начнётся упорядоченная балтийская торговля, то произойдёт это с участием всей северной Германии, преимущественно Вестфалии. В доказательствах этого с начала следующего столетия недостатка нет. Уже с 1165 года у нас есть свидетельство торговли на Балтике вестфальского города Медебах[156] с Русью.[157] К тому же, косвенно нам об этом говорит и то обстоятельство, что в значительной степени те, кого Адольф II призвал для колонизации земель, были вестфальцами, которые по данным Гельмольда[158] (I, 57) были поселены в районе Даргуна[159] под Зегебергом, отделённом от Тра́ве только Гольстеном,[160] в то время, как фризы и голландцы должны были обустраиваться в отдалении от реки и порта. Немаловажно также и то, что недавно основанный город Любек получил своё городское право от издревле известного Зоеста.[161] Благодаря своим широким связям любекский порт за короткий срок переживает значительный подъём; жители города приобретают для себя и для торговцев Германии обширные привилегии на востоке и на западе от германского императора и от короля Дании; наконец, в 1226 году они добиваются статуса имперского города, а вскоре издаются положения о поездках в Англию. Это удивительно быстрый расцвет, которой приносит с собой скорое господство на Балтийском море. И вряд ли бы это было осуществимо без предшествующей созидательной деятельности графа на Тра́ве и Вакенице.

Первая из обеих упомянутых привилегий касалась сношений с Готландом. Об их возрасте невозможно судить по причине недостатка подтверждённой информации. Немецкие писатели XI века ещё не упоминают о плодородном острове у побережья Швеции. Местная сага повествует об острове, как о традиционной стоянке для путешественников с Запада в ещё таинственную восточную Европу, а также как о месте для торговли и промежуточном пункте для паломников, направлявшихся через Русь и Грецию в Иерусалим. При содействии купцов, но особенно благодаря деятельности шведских королей, которым они открыто противостояли в политическом и меркантильном отношении, жители острова познакомились с христианством. Доля немецких купцов в товарообороте (если они вообще имелись на острове до начала XII века) могла быть очень небольшой. И это естественно, поскольку славяне были хозяевами морского побережья. Как уже отмечалось, славяне и датчане были теми, кто совершал поездки на восток, вкушая его плоды. Известные предписания короля Лотаря (ок. 1130 года)[162] являются первыми надёжными свидетельствами наличия непосредственных отношений немцев и жителей острова. Они подразумевают наличие более ранних связей, поскольку жалование привилегий, упомянутых в грамоте, могло быть лишь при наличии соответствующих отношений, выдержавших испытание временем. Но установление контактов с немцами не могло произойти ранее начала XII века. В то время, когда ободрит Генрих господствовал на побережье Балтики, могли быть предприняты лишь первые робкие попытки. При Кнуде Лаварде[163] они стали неуклонно возрастать. Но только благодаря основанию графского

Любека эти начинания получили определённую поддержку. Предположительно к этому времени относится высказывание древнего городского права Висбю[164]: «Да будет известно, что поскольку на Готланде собирается разноязычный люд, объявляется мир, согласно которому каждому по всей стране будет даровано восемь саженей от побережья с тем, чтобы он мог лучше распорядиться своим добром; кто подойдет к берегу и бросит якорь, должен соблюдать заключённый мир».[165] Немецким купцам на готландской чужбине такая защита была, очевидно, недостаточна; для обеспечения своих прав они примкнули к землякам, и так образовался союз в готландском городе Висбю. Возникновение этой городской общины, без сомнения, относится к двадцатилетнему периоду между основанием Любека Адольфом II и актом герцога Генриха 1163 года, в котором община упоминается как уже существующая. В этом документе Генрих Лев улаживает противоречия, которые в течение долгого времени ухудшали взаимоотношения немцев и готландцев, приводя к ненависти, вражде и убийствам с обеих сторон, тем самым восстановив прежние согласие и дружбу. В упомянутом сборнике законов, высказывания которого логично дополняют грамоту, после вводных слов написано: «А с течением времени, поскольку город рос, разнообразие языков привнесло большую рознь, разрушения и измены; тогда послали к Генриху, герцогу Баварии и Саксонии, который утвердил нам мир и законность, данные нам ранее его отцом императором Лотарем». То, что арбитром выбрали герцога Генриха, не могло быть игрой случая, факты скорее показывают, что существовали две сплочённые противоборствующие партии: готландцы и немецкая община; обе апеллировали непосредственно к авторитету Генриха, потому что городская община состояла из подданных герцогства Саксония, и поскольку она приобрела явное численное и нравственное превосходство, то готландцы вынуждены были подчиниться приговору чужого герцога и отправили своего представителя Лихнатуса[166] в Артленбург.

Когда Генрих в дополнение к грамоте назначает фогтом и судьёй над немцами Оделрикуса,[167] прибывшего с готландским послом как представитель интересов немцев, то мы должны расценивать его, естественно, не только как первого исполнителя этих должностей, но и как того, кому после установленного мира герцог доверил защиту немецкой общины и соблюдение установленных им для двусторонних отношений законов. Что касается дальнейших сообщений сборника законов Висбю о немецкой общине и её участии в городском управлении, относится к гораздо более позднему периоду, который тут уже не учитывается. Очередное её упоминание мы получаем уже с другой, русской, стороны. Спустя двадцать пять лет после установленных Генрихом мирных положений, зимой 1188/89 года, «побили, как рассказывает современный русский летописец из Новгорода, новгородцы варягов, немцев на Готланде, в Хоружке[168] и в Новом Торжке,[169] и в начале 1189 года никому не разрешили плыть по морю, не выдали варягам их послов, но оставили их без мира», – то есть, они оборвали контакты и отклонили мирные предложения.[170] После десятилетнего перерыва связи были восстановлены «по старым законам»: князь Ярослав Владимирович Новгородский[171], с согласия посадника Мирожки,[172] тысяцкого Якова[173] и всех новгородцев, весной 1199 года[174] подтвердил старый мир с посланником Арбудом (Гербордом?),[175] со всеми сынами Германии, с готами и со всем латинским миром (что означает, со всеми католиками) через своего посланника Грига.[176] В свете этих сведений необходимо уделить внимание связям Готланда и немцев с Русью.

Нити, связывавшие скандинавский полуостров с сарматской равниной[177] тянутся из седой старины. Об этом могут рассказать как скандинавская сага, так и более достоверные исторические предания. Норманн не только держал путь в Византию по рекам и озёрам славянского востока, но и вскоре решился поселиться на их берегах. Во второй половине IX века из Скандинавии и Готланда началось движение, следовавшее призыву славян исправить «отсутствие порядка» в их стране; примерно в 860 году гот Рюрик[178] со своими братьями основал русское государство. Сообщение с родиной стало постепенно налаживаться. Русский корабел посещал побережье Готланда. Варяг, как рус называл гота, направлялся в устье Невы и оттуда держал свой путь к Новгороду и Днепру. Здесь, в районе верхнего Днепра, Волги и Двины сходились торговые пути со всех сторон света; известность рынков Новгорода, Смоленска и Полоцка указывает на их древний возраст. Смоленск и Полоцк привлекали внимание купцов ещё и к другому, более близкому пути, и уже скоро Двина оживилась судами, идущими вверх и вниз по течению. Однако торговля не носила односторонний характер. Это было ещё время, когда славянин пытался созидать сам, и варяг не стоял на его пути; однако, когда появился более сильный, с мужеством и выдержкой встречающий все опасности, с осознанием своей роли как носителя культуры на востоке, тогда славянин пассивно смирился с существующим положением, которое нарушал только грабежом кораблей с купцами-путешественниками. До прихода немцев в его города, в активной торговой деятельности мы также замечаем русских. Их корабли плыли не только к готландскому острову, но добирались и до западного побережья Балтики. Их курс вёл и к границам датского глсударства, где в 1134 году взяли в плен новгородских купцов. Торговая репутация

Шлезвига получила тяжёлый удар, когда в тамошнем порту Свенд Грате[179] ограбил русскую флотилию, чтобы оплатить захваченными товарами жалование своей армии (1157 год).[180] Но Готланд оставался избранным рынком, на который спешили русские суда с богатым грузом; новгородские купцы были представлены там столь многочисленно, что в середине XII века имели свою церковь для совершения обрядов. С другой стороны, готландцам уже в XI веке, согласно сборнику законов великого князя Ярослава,[181] было дано право первыми получать выплаты из имущества должника; 23 апреля 1152 года вместе с восемью русскими церквями в Новгороде превратилась в пепел и девятая, варяжская; через четыре года заморские жители приступили к строительству храма в честь Тихой пятницы («Великой пятницы») на рыночной площади, строительство которого завершилось только через полвека (30 августа 1207 года).[182]

В Висбю, куда стекался «многоязычный люд», стали также контактировать немецкие и русские купцы. На вопрос, насколько древним является практика прямых двусторонних контактов, с полной уверенностью можно ответить только за вторую половину XII века. Однако можно предположить, что среди «гостей», которым в 1128 году новгородцы доверили своих детей во время ужасного голода, были не только однозначно упомянутые варяги, но и немцы; с ещё большей вероятностью можно утверждать, что именно немецкие гости прибыли с другой стороны моря на трёх ладьях, которые летом 1142 года подверглись нападению плывших под парусом шестидесяти шнеков, во главе со шведским королём и его епископом; однако они отразили удар, убили 150 человек и захватили три судна. Как бы близок к действительности ни был этот последний случай, он вряд ли может считаться неоспоримым доказательством наличия прямых немецких контактов. Первые достоверные свидетельства появляются позднее. Как уже было сказано, о посещении любекского порта русскими кораблями говорится во второй грамоте Генриха Льва конца 1163 года, и именно таким образом, как будто речь идёт о подтверждении уже состоявшегося факта. Точно так же, когда в избранных местах русской хроники 1189 года и в тексте заключённого князем Ярославом Владимировичем мирного договора с немцами и готами 1199 года говорится о «старом мире», согласно которому до его разрыва в 1189 году новгородцы поддерживали отношения с чужеземцами, то, по всей видимости, начало их соответствует указанной в герцогской грамоте дате. Другими словами, начало контактов, которые приводили русских в любекскую гавань, а немцев по Балтике через Неву и Волхов в Новгород, относится примерно ко второй половине XII века, – то есть, к тому времени, когда упомянутое общение славян и немцев происходило на южном берегу Балтики, и сначала графский, а потом герцогский порт на Тра́ве стал отправным пунктом для кораблей всей северной Германии. Бесспорна также взаимосвязь между нижнесаксонской балтийской торговлей и политическими событиями на южном берегу моря.

Торговый договор начала 1199 года, сохранившийся только в русской версии, позволяет сделать немало выводов о характере тогдашних международных связей. В Висбю заморские купцы ожидали возобновления прибыльной торговли, прерванной из-за событий 1189 года. Наконец, на острове появился рус Грига и объявил волю новгородского князя. Его предложения, хоть и не столь выгодные, но после десятилетнего вынужденного отказа от богатого рынка, были приняты «навеки». С готовностью и по-деловому, без долгих переговоров согласовали отдельные пункты. Так как они заверили взаимное обеспечение свободной торговли: «Кого Бог изберёт князем, – говорилось в договоре, – тот должен подтвердить мир, даже если в его стране мира нет», то посланники и простые торговцы должны были впредь без вреда и помех беспрепятственно ездить в немецкие земли, на берег Готланда и в Новгород, не стесняемые в пути никакими таможенными сборами. Таким же образом регулировались отношения немцев с русскими и в самом Новгороде. Обеспечение личной безопасности, прав и защиты собственности подразумевалось для обеих сторон и, в случае возможного нарушения, наказывалось крупным штрафом, который, в зависимости от тяжести проступка, возмещался бóльшим или мéньшим количеством куньих шкурок (кун).[183] Если в дальнейшем запрещалось наказывать просрочившего платежи должника тюремным заключением, а заимодавцу предоставлялись иные способы удовлетворения своих материальных претензий, если, наконец, требовалось ужесточение правил поведения и морали, когда наблюдались случаи уклонения от суровых наказаний за связи с женой и дочерью иностранного купца, то это выглядело в целом не только как отношение к приезжему купцу, а означало уже начало немецких поселений в Новгороде. Пример подали готландцы, у которых давно уже была собственная церковь (в Новгороде – А. Д.). Вероятно, немцы последовали их примеру: либо они объединялись в собственную группу, либо, как это было принято в то время, когда не существовало резкой обособленности, присоединялись к общине готландцев.[184] Русский посланник возвратился домой, и ещё в 1199 году князь Ярослав был вынужден покинуть Новгород. Но его преемник Святослав не преминул подтвердить договор в полном объёме, как это рассказывает новгородский хронист в 1201 году: «Варяги ещё пребывали без мира на той стороне моря (из чего следует, что Ярослав оставил Новгород ещё до возвращения Грига); но осенью прибыли варяги в Берген,[185] чтобы потребовать его, и им даровали мир и все условия». А уже несколько лет спустя, между 1205 и 1207 годом, князем Константином Всеволодовичем[186] решено было для пользы Новгородского поселения освободить путь от Готского двора мимо Княжеского двора к рыночной площади, не занимая его никакими строениями, что было повторно подтверждено в 1270 году как старая «вольность (libertas)».[187] С таких небольших начинаний поднялся немецкий Двор Св. Петра в Новгороде. Его старейшая и важнейшая Скра[188] относится ко второй четверти XIII века; она во всех подробностях подчёркивает зависимость Двора от немецкой общины на Висбю и называет города, которые, в силу своего материального могущества заняли первое место в русском городе: свободные денежные средства Двора в Новгороде должны были храниться в сундуке Св. Петра в церкви Св. Марии в Висбю, а избранными хранителями четырёх ключей были определены старейшины с Готланда, из Любека, Зоеста и Дортмунда. Хорошо известно, насколько в дальнейшем Висбю господствовал над Новгородом.[189] Это неоспоримое свидетельство возникновения и становления балтийской торговли немцев, которое ещё будет вкратце рассмотрено.

Когда славянские рубежи на Балтийском море были сломлены, первыми, кто не покладая рук и используя свои права трудился для процветания нового Любека, были, прежде всего, вестфальцы. Отсюда они вскоре, примерно в середине XII столетия, продвинулись до Готланда; в это же время они начали посещать русский рынок в Новгороде. Участие в торговле, конечно, принимали немцы и из других регионов, но именно вестфальцы и любекцы всегда были первыми. Они отстаивали права и обязанности своих соплеменников в немецкой общине Висбю; а также рано получили бразды правления над немецким Двором в Новгороде, чьи истоки с некоторой долей уверенности можно отнести к концу XII века. Любек был провозвестником, с помощью которого Германия общалась со славянским населением сарматской равнины. Корабли Любека рано стали соперничать с судами готландцев, что впоследствии превратилось в борьбу за первенство на Балтийском море, и на вопрос: «Любекское право или право Висбю?» – был дан ответ в пользу первого.

Однако Новгород не был единственным значимым местом торговли, открывшемся для Европы; а новгородский Двор не был единственным, которым владели заморские гости в далёкой стране. Хотя Полоцк и Смоленск не оставались в стороне, они не могли сравниться с древним городом на Волхове. Их торговые пути по Двине и их связи с Готландом уходят в века – и то, и другое должно было пойти на пользу немцам. Эти факты приводят нас в итоге к началу немецкой жизни на Двине, ознаменовавшей завершение нижнесаксонского продвижения к побережью Балтийского моря.

«Да убережёт всегда морская звезда свою Ливонию!» — воскликнул воодушевлённый пастор леттов Генрих, полный благодарности за защиту и благословения Божьей Матери (XXV, 2).[190] Проповедник пересёк море, на кораблях плыли ватаги отважных борцов за веру, отдавая дань благодарности купцу, который сквозь бурю и шторм достиг желанного берега; за то, что города процветают, а море стало путём, связывающим колонию с родиной.

Но не напрямую от одного порта Германии к устью Двины и обратно. Готланд всегда рассматривался как промежуточная остановка, а Любек был отправной точкой для ливонских путешественников, преследовавших материальную прибыль или занимавшихся борьбой с язычниками. Многочисленные документы являются достаточным доказательством, и ливонский хронист тоже не преминул указать на это. Из гавани на Тра́ве корабли шли под парусами мимо датских островов, поворачивали к берегам Сконе[191] и, минуя местности Листер[192] и Блекинген,[193] достигали Висбю на западном берегу Готланда, где делалась продолжительная остановка. Это был привычный путь, которым по традиции следовали корабли с запада, и которым также пользовались датчане, когда намеревались попасть через Готланд в свою далёкую провинцию Эстляндия.[194] В то время, как последние сначала брали курс севернее, путешественники к устью Двины поворачивали киль своего корабля после того, как проходили северную оконечность острова и прилегавший к ней Форё[195] в направлении острова Эзель.[196] Знакомая гавань принимала их, откуда со свежими силами они спешили через Рижский залив к конечной цели своего плавания. Хронист, которому мы благодарны за описание маршрута (VIII, 4, XIX, 5),[197] говорит о нём как о единственном и простом, который вёл и на запад, и в Германию. В течение первых сорока лет не знали никакого другого сообщения с Ливонией, кроме этого, через Готланд. Для возведения каменных замков в 1185 году были приглашены каменщики с Готланда[198]; Майнхард,[199] отчаявшись от результатов своей проповеди среди ливов и, уже думая вернуться на остров, позволил уговорить себя остаться, а купцы, которых он собирался сопровождать, поплыли назад одни. Бертольд[200] в аналогичном случае «вернулся назад на Готланд»; а возвратившимся саксонцам принявшие крещение ливы отправили вслед, «через море на Готланд», изображение Христа. Альберт[201] был уверен в поддержке и помощи людей на Готланде во время своей первой поездки к Западной Двине; во время голода в 1206 году «послал Господь некоего жреца с Готланда с двумя коггами,[202] наполненными до верха зерном. Количество таких примеров могло бы быть намного больше. Уже цитируемые здесь примеры описания пути показывают, как отчётливо с 80-ых годов XII века прослеживается маршрут через Готланд. По этому пути и ни по какому иному первый немецкий корабль вошёл в устье Двины.

Без сомнения, это были члены немецкой городской общины на Висбю, которые снарядили (экспедицию – А.Д.), управляли ею и напрямую отправились под парусом к ливонской реке.

Однако об этом не рассказывает ни один писатель старого или нового времени, и только тот, кто не опровергает красноречивый язык убедительных исторических фактов, может указать на немецкую городскую общину Висбю как на одну единственную, которая занялась морской экспедицией в Ливонию. Она делала больше, чем просто была «кормилицей»[203] колонии. То, что она являлась существенной поддержкой в установлении Христианства, и что епископы и Папа римский повторяли свои обращения, аппеллируя к готландским немцам, свидетельствуют как многие страницы Ливонской хроники, так и сообщения с берегов Тибра.[204] Гарантией тому являлась, насколько это было возможно, именно тесная связь с немецкими жителями острова. «С самого начала готландские купцы усердно помогали нам преодолеть тяготы обращения в веру язычников», – заявил сам епископ Альберт и посчитал себя обязанным выразить свою благодарность через привилегии в 1211 году.[205] Он ориентировался в этом случае не на случайных гостей с чужих берегов, он издал законы, которые применялись в существовавшей колонии. Освобождение от пошлины и берегового права могло относиться и к часто меняющемуся населению. Но, когда он говорит об испытании раскалённым железом[206] и единоборствах, когда в каждом случае основание новой гильдии становится зависимым от утверждения епископом, когда уравнивается ценность готландской и рижской монеты и, наконец, когда оставляется право наказания за правонарушения «отдельным городам», – то это верные признаки, с одной стороны, длительного пребывания на берегах Двины вновь прибывающих жителей, что не случается сиюминутно, а является следствием исторического развития; а с другой стороны – характерные признаки существовавшего купеческого сословия, представленного объединениями жителей отдельных городов, в первую очередь – Висбю. И совершенно по праву, отражающему весь характер городской общины, епископ наделил Ригу при первом её основании не бременским, скандинавским или даже русским законодательством, а правом немцев на Готланде.[207] Когда папский легат Вильгельм Моденский[208] во время своего пребывания в Риге в декабре 1225 года спросил об основных положениях этого права, городской синдик[209] ответил ему: «Это закон, по которому жители имеют право свободно выбирать городского судью, к которому епископ обязан выразить свою благосклонность, и который принимает решения во всех судах по мирским делам. Но отлучённые епископом люди или вассально зависимые от него – мастера, пробсты и другие, подсудны ему только тогда, когда речь идёт о соглашениях и проступках в городе или на его рынках. Всё духовенство и служители епископа, церкви и ордена от городского суда независимы. Право выпускать монету в любой форме принадлежит епископу, только она должна иметь то же качество и тот же вес, что и монеты готов и жителей Готланда. Но жители должны быть освобождены по этим четырём пунктам: от железа (от испытания раскалённым железом – А. Д.), от таможенных пошлин, от берегового права, от поединков. Все, желающие войти в город и поселиться в нём, имеют право разделять эти свободы. И, наконец, всё, что сверх того в течение трёх лет не будет доказано как собственность немцев с Готланда, должно поступить в распоряжение рижан». Когда летом 1202 года из Готланда под парусами прибыли первые граждане нового города (VI, 2);[210] на них тоже распространилось законодательство немецкой общины Висбю, тем самым, могущество епископа наложило свой отпечаток и на историческое развитие. В другое время город принял гамбургское право. И, наконец, (главенствующее – А. Д.) положение Риги среди более молодых ливонских городов, которое она вскоре начинает занимать среди простого купечества. «Разделение вольных торговцев не является произвольным, а объясняется естественным образом. Для городов, чьи купцы направлялись в западные моря, отправным пунктом являлся Кёльн; немецкая община Висбю стала пристанищем для купцов, перемещавшихся по Балтике, а также для немецких общин, основанных торговцами в Ливонии и Швеции». Точно так же, после того, как стала несомненной гегемония Любека на Балтийском море, после того, как купеческое сообщество сформировалось как ганзейский союз городов, возникло деление представителей по внутренним признакам: фактории на датской и шведской территориях уравнялись в правах с ливонскими городами, поскольку и те, и другие «были немецкими колониями в ненемецких странах».[211]

Если метрополия примерно в середине XIII и в XIV веке приняла такое разделение, то без всяких сомнений она руководствовалась осознанием исторических обстоятельств; то есть, она осознала, что Рига была основана немецкой общиной Висбю. Только более поздняя и сагообразная традиция, опирающаяся на ошибочное толкование фактов и ничем необоснованный местный патриотизм, сумела затмить эту взаимосвязь.

Таким образом, слава первого плавания к Двине принадлежит членам немецкой общины Висбю, на Готланде же, прежде всего, господствовали вестфальцы и любекцы. Благодаря им колония всегда имела приток новых жителей; к одним присоединились фризы, к другим – вендские города. Тому и другому имеется в наличии достаточное количество исторических свидетельств. О вестфальских и фризских переселенцах, в большом количестве стекавшихся для поддержки города и села, говорится во многих местах хроники Генриха и в сообщении Арнольда[212] из Любека; также и другие документы предоставляют этому всевозможные подтверждения. В корпорации паломников, вместе с бюргерами и торговцами, составлявшими основную часть населения Риги, они представлены в большом количестве; ещё в конце XIII века воспоминание о фризах звучало в фамилиях рижских горожан;[213] память же о вестфальцах хранилась гораздо дольше. Насколько велико было значение вестфальцев и фризов в начале того столетия для готландского рынка и связей с Русью после того, как уже примерно в середине XII столетия они отправили свои корабли в те края, становится ясно из торгового договора 1229 года: четыре города их земель – Зоест, Дортмунд, Мюнстер и Гронинген[214] – представлены здесь и сотрудничают с русским князем. Во главе их, однако, сразу после купца с Готланда, стоит Фридрих Думбе[215] из Любека. То, что его имени выделено первое место после граждан Висбю в ряду торговых людей, является явным знаком того выдающегося положения, какое занял Любек на Готланде и Руси.[216] Любек представлял вендские города,[217] а их связи с Ливонией были как давними, так и оживлёнными. Городские книги мекленбургских и померанских городов хранят длинные ряды записей, которые делались тогда, когда ремесленники или купцы покидали родной город, чтобы отправиться в Ригу, – то ли на длительное поселение, то ли для временного занятия своим ремеслом. И во всех этих документах – ни одного Бременца. Среди имён граждан Риги, которые известны из грамот и городских записей, встречаются, помимо русских, литовцев, латышей и ливов, преимущественно граждане вендских городов, и среди них поимённо – граждане Любека. Записи в долговых книгах на каждой странице перечисляли лиц, которые или непосредственно относились к общине, или их отдалённое происхождение из неё было неоспоримым. Любек прочно занимал первостепенное место, а города на Тра́ве и Двине связывала тесная дружба. Именно любекцы – настоятель собора и два жителя города, в мае 1226 года, после того, как представили императору для подтверждения старые привилегии и получили по итогам встречи имперские свободы для своего родного города, – обратились к Фридриху II[218] с грамотой о привилегиях для Ливонского ордена. Успех их подтверждается императорской конфирмацией всех владений и прав, которые Орден получил или в будущем законным образом получит от епископов Ливонии и Леаля, также и в предоставлении права на добычу полезных ископаемых. Такой акт предполагает большее, чем мимолётный интерес к новой колонии. Посредничество должно было исходить из той же самой потребности совместных действий, дабы в борьбе против заносчивого датского короля постоять друг за друга. Когда в начале 1227 года датчане и немцы столкнулись в Эстляндии, Любек предложил оборонительный союз против угрожающего с севера врага. Эзельцы согласились на него, а епископ, магистр Ордена, граждане Риги и все немцы из Ливонии встретили предложение с радостью. Достаточно показателен для их отношения к Родине[219] ответ, в котором они обещали никогда не заключать мира с датчанами без Любека, поскольку «ваши тяготы есть наши тяготы», – говорили они и указывали таким образом на осознание ставших историческими взаимосвязей. Они последовали ему и тогда, когда через несколько лет предложили Любеку залог их «неиспорченной настоящей преданности и их настоящей верности». В стенах своего города в 1231 году они передали любекцам расположенный у башни двор со всеми правами и доходами, достигшими позднее 24 шиллингов[220] ежегодно. То, чего не удалось ни одной зарубежной общине, достиг Любек: благодаря своему первоначальному содействию колонии он получил собственность в городе на Двине. Позднее Мюнстер и Зоест содействовали возникновению в Риге двух гильдий.

А имена свидетелей, заверивших дарение своими подписями, опять же преимущественно принадлежали к хорошо известным кругам: среди членов городского совета Иоганн фон Ратцебург,[221] Фридрих фон Любек,[222] Бернхард фон Мюнстер,[223] Арнольд фон Зоест,[224] Фольмар фон Кальмар,[225] среди купцов – Иоганн фон Мёлльн,[226] Готтшальк фон Бардевик.[227] Как затем саксонский герцог Альберт I, сохраняя память о Генрихе Льве, подтвердил немецкому купеческому сообществу данные ему в 1232 году епископом Альбертом и легатом Вильгельмом из Модены привилегии, так и германский король Генрих VII[228] осознанно обратился ни к кому иному, как к Любеку и немецким купцам на Готланде с призывом поддержать имперского князя епископа Германа фон Дорпата[229] против язычников-эстов и всех недругов. В союзе с орденскими братьями в 1246 году любекцы предприняли поход на Земландский полуостров,[230] где они уже давно на благо своей торговле планировали построить морскую гавань в устье Прегеля.[231] Гражданам Риги была дарована свобода перемещения на южном побережье Балтики. Следует отметить, что это была та же льгота, что и дарованная Любеку. Папы часто подчёркивали, что в Любеке собирались все, кто имел намерение плыть в Ливонию; что на самом деле для этого нигде нет более подходящего порта, чем любекский. Нередко выступали они его защитниками, а когда в 1235 году датчане опять блокировали порт, Орден, Рига и Любек совместно подали жалобу. И, наконец, такие факты: Арнольд, аббат монастыря св. Иоанна в Любеке,[232] в своей «Хронике славян» (до 1209 года) демонстрирует свои превосходные знания о событиях в Ливонии, а Майнхард, первый апостол ливов, происходит из голштинского монастыря Зегеберг[233] (вблизи Любека). Это хотя и опосредованные, но от того не менее важные доказательства наличия связей города с языческой страной уже в конце XII века.[234]

Конечно, полностью исключить сомнения в весомости доказательной базы приведённых свидетельств нельзя и для более раннего времени. Однако, можно было бы возразить на это, что о немецкой колонии на Двине говорится не со времени продолжительного поселения Майнхарда в 1185 году, а в действительности только с момента основания Риги. И в этот относительно короткий временной период продолжительностью около 25 лет все их соотечественники, за исключением немецких купцов на Готланде, оставались в тени вестфальцев и любекцев, без малейшего намёка на борьбу за рынок на Двине. Это, как представляется, выступает самым весомым доказательством их изначального господства, и их следует считать первопроходцами. Тот, кто в такое короткое время достиг на чужбине такого значительного влияния, должен был заранее начать подготовку к нему. Готландцы не могли бы предложить своё право, а вестфальцы и любекцы – своих граждан колонии, если б они просто следовали примеру других немецких торговцев.

Открытие Ливонии произошло не внезапно, где-то между прошлым и будущим. Поначалу немецкая городская община в Висбю отправила своих сыновей в Ливонию; вестфальцы и любекцы, уже занимавшие там прочные позиции, объединились с ними; а вскоре они уже самостоятельно наладили контакты с новым Балтийским портом, заселяя его наилучшими из своих сыновей.

Когда это началось, остаётся лишь гадать. Обоснованием даты «1159 год» может служить только вычисленная вероятность, основанная на данных, почерпнутых из источников. Старейшие из заслуживающих доверия писателей умалчивают о первом появлении купцов на Двине. Для них на первом месте стояло обращение в христианство, поэтому их повествование начинается с появления Майнхарда, чья продолжительная деятельность чётко прослеживается с 1185 года. Готовящаяся христианизация опиралась на экспедиции купцов. О них Генрих Латвийский (I, 2) сообщал следующее: «Только по воле Иисуса и для наставления прибыл Майнхард в Ливонию в сопровождении купцов. Именно немецкие торговцы, связанные с ливами дружбой, часто посещали на судах Ливонию, плывя по Двине», а Арнольд Любекский (V, 30) дополнил к этому: «Благодаря Майнхарду, канонику из Зегеберга, началось обращение в Христианство. В нём разгорелось такое божественное красноречие, что он согрел всех пламенем веры, объявив народу язычников благодать Господа. После того, как этот достойный муж через несколько лет (per aliquot annos) подался туда с торговцами, с молитвой и усердием предался своему делу, он ощутил могущественную руку Господа...», находясь под покровительством архиепископа Гартвиха II из Бремена,[235] а в 1186 году был им рукоположен в сан епископа страны, обретшей Христианство. Последнее сообщение позволяет предположить, что те «несколько лет» (примерно пять лет), которые Майнхард посвятил попыткам обращения в веру, первый раз отправившись на Двину, охватывают, вероятно, период не до 1180, а сразу после этого года. До него купцы «часто» посещали языческую страну, так что можно расширить интересующий нас временной отрезок приблизительно на два десятилетия. Эта версия поддерживается предыдущими итогами исследования о начале непосредственной торговли с Русью.

Несомненно, что именно стремление обойти обременительные промежуточные станции и доставлять напрямую востребованные на Западе русские товары от производителя, дало импульс немецкому купцу воспользоваться водным путём по Двине. С древнейших времён готландцев на Русь вели два пути: один – через Финский залив, другой – по реке, где проживали ливы. Пунктом назначения в первом случае был, прежде всего, Новгород, во втором – Смоленск и Полоцк; однако между этими местами давно существовала тесная связь через притоки в верховьях Двины и Ловати, впадающей в Ильменское озеро. Когда в шестидесятых годах XII века путь через Финский залив стал очень опасным, просто-напросто обратились к другому. Незадолго до этого немецкая община на Висбю, благодаря новой грамоте о привилегиях Генриха Льва от 1163 года, ещё более укрепила своё положение. Её членам теперь дозволялось присоединяться к торговым экспедициям готландцев на восток, чтобы в скором времени заполучить преимущества. Их привлекали рынки Полоцка и Смоленска, а также более мелкие населённые пункты Кукенойс[236] и Герцике,[237] расположенные у реки, для поставок товаров из глубинки. По этой причине «немецкие купцы старались чаще посещать Ливонию на кораблях по Двине».

До конца того столетия они открыли ещё одну дорогу, ведущую от Двины через Угаунию,[238] т. е. через окрестности Оденпе[239] и Дерпта к русскому Пскову. На санях они перевозили свои ценные грузы к пункту назначения, часто подвергаясь, однако, враждебным действиям и нападениям со стороны эстов. До нас дошло предание о страшном грабеже (XI, 7),[240] однажды причинившем купцам ущерб в девятьсот марок. Безрезультатные переговоры по этому поводу велись ещё в начале следующего столетия, и только благодаря дальнейшему распространению христианства в этих краях торговые караваны получили безопасность. Перевозки по реке стали заметно оживлённее. Русские князья должны были покровительствовать покупателям продукции своих земель до тех пор, пока те не задумывались о постоянных базах. Но как только проповедь христианства стала приносить плоды, и немцы соорудили на землях язычников опорные пункты, они столкнулись с враждебностью со стороны русских. Скоро то в одиночку, то защищая ливов и эстов, или выступая в роли третейских судей в спорах между ними и немцами, они пытались подорвать существование молодой колонии разбойничьими набегами или блокировкой сообщения по Двине. Однако, встретив решительный отпор, русские решили уступить. Уже в первые годы XIII столетия они ознакомились с принципом мирных договоров, хотя обязательность их исполнения не всегда была им понятна.

Итак, оба момента: примерный расчёт по данным летописца и начало непосредственной торговли с Русью, открывшей немецким купцам путь по Двине, привели нас к началу шестидесятых годов столетия. Между обеими пограничными датами (ок. 1164 – ок. 1180), если ещё строже придерживаться слов обоих очевидцев тех событий, первое плавание немцев в Ливонию следует искать приблизительно в 1164–1170 годах. От конкретной даты следует отказаться и в будущем, если не прольётся новый свет на былую неизвестность.

Благодаря фундаменту, заложенному герцогом Генрихом Львом, немцы на Висбю и их соплеменники на родине заполучили готландскую торговлю с Русью, которая привела их в бассейн реки Двины. Однажды познакомившись с этим краем, они увидели существенные преимущества, сулившие невиданное процветание их торговле. В Новгороде и других русских городах с ними обращались как с гостями, хоть и защищёнными от прямого русского влияния проживанием в сообществе с соотечественниками. И для того момента, и для будущего можно было считать очень выгодным факт их закрепления на берегах Двины. Крепко обосновавшись тут, можно было с несравнимо бо́льшей энергией вести выгодную для себя торговлю с русскими, нежели там, где немцы постоянно оставались чужими среди чужих. Основание колонии на Двинской земле было, таким образом, в интересах немецких меркантильных устремлений. К этому добавлялась ещё и проповедь Христианства. Епископ Альберт, добавив к этим элементам рыцарство, дал жизнь большому государству, покоившемуся на чисто немецкой основе. Поддержкой горожан пользовались первые проповедники и их последователи, которые постоянно находили у них желаемый отклик. Взамен они предоставляли разнообразные привилегии, имевшие большое значение для вновь созданных городских общин, содействуя тем самым основанию на берегах Двины новой родины для немцев. Была создана колония, которая, благодаря собственному благополучию и стабильному экономическому развитию, не только приносила родине богатую прибыль, но и предоставила ей поприще, на котором она смогла решить свои великие, предопределённые историей национально-политические задачи. Торговля немецких городов и Ганзейского союза на Балтике носила ярко-выраженный политический характер. Значительное влияние на её становление оказала немецкая колония. Её территория три столетия была отделена от Родины, но её устои и прежний чистый дух Отечества, несмотря на жестокие бури, остались непоколебимы.

Алекс Дрегер

КОММЕНТАРИИ

1. Ливония – исторический регион, достаточно точно соответствующий современным Латвии и Эстонии.

2. Священная Римская империя (лат. Sacrum Romanum Imperium), с XV века – Священная Римская империя немецкого народа (лат. Sacrum Imperium Romanum Nationis Germanicae или Sacrum Imperium Romanum Nationis Teutonicae, нем. Heiliges Römisches Reich Deutscher Nation) существовала с 962 по 1806 годы; она объединяла многие государства Европы. По тексту употребляется и название «Немецкая империя».

   Дополнительная литература:

   Herbers, Klaus; Neuhaus, Helmut: Das HeiligeRömische Reich – Schauplätze einer tausendjährigen Geschichte (843–1806). Böhlau, Köln 2005; ISBN 3-412-23405-2. Wilson, Peter H.: The Holy Roman Empire /A Thousand Years of Europe's History. Allen Lane, London 2016; ISBN 978-1-84614-318-2. Рапп, Франсис (перевод с фр. М. В. Ковальковой): Священная Римская империя германской нации. Евразия, Санкт-Петербург 2009; ISBN 978-5-8071-0327-7, 978-5-8071-0333-8.

3. Неман – река, протекающая по территории Белоруссии, Литвы и Калининградской области России. Длина реки – 937 км. В нижнем течении является государственной границей между Россией и Литвой, т. е. Европейским союзом.

   Дополнительная литература

   Rada, Uwe: Die Memel. Kulturgeschichte eines europäischen Stromes. Siedler Verlag, Berlin 2010; ISBN 978-3-88680-930-1.

4. Нарва (Нарова) – река на границе Эстонии и Ленинградской области Российской Федерации. Длина реки – 77 км. По её фарватеру с 1991-го года

проходит граница между Россией и Эстонией, т. е. Европейским союзом.

5. С XIII-го по начало XVI-го века – Немецкий орден (Deutscher Orden); полное название на немецком: Orden der Brüder vom Deutschen Haus Sankt Mariens in Jerusalem. Он состоял из трёх культурно и экономически тесно взаимосвязанных частей: Ливонского наместничества с Курляндией и Пруссии, общая площадь которых составляла около 180 000 км^2, многочисленных владений, разбросанных по всей территории Немецкой империи и части Средиземноморья.

Дополнительная литература:

Акунов, В. В.: Держава Тевтонского ордена. Алетейя, Санкт-Петербург 2019; ISBN: 978-5-907189-00-3. Вальтер Фризен: Горизонты империи. AFZ ETHNOS e. V., Dortmund-Bodelschwingh 2016; ISBN: 978-3-96103-115-3.

6. Пять, в значительной степени автономных, духовных княжеств составляли Терру Мариану (Terra Mariana), неофициально – Ливонию (Livland):
- Ливонская часть Немецкого ордена – Ливонский орден (лат. Fratres miliciae Christi de Livonia, нем. Brüder der Ritterschaft Christi von Livland);
- Рижское архиепископство (Erzbistum Riga);
- епископство Дорпат (Bistum Dorpat);
- епископство Эзель-Вик (Bistum Ösel-Wiek);
- епископство Курляндия (Bistum Kurland).

К Ливонии следует отнести и Ревельское епископство (Bistum Reval) с территориями, тогда принадлежавшими Дании (север современной Эстонии). 4 декабря 1435 года было подписано соглашение, по которому Ревельское епископство вошло в Ливонскую конфедерацию. В таком составе Ливонская конфедерация просуществовала до 1561 года. Её латинское название – Terra Mariana («Земля Святой Девы Марии»).

Дополнительная литература:

Вальтер Фризен: Горизонты империи. AFZ ETHNOS e. V., Dortmund-Bodelschwingh 2016; ISBN: 978-3-96103-115-3.

7. В тексте: Gemeinwesen Norddeutschlands.

8. Ганзейский союз, Ганза (нем. Hanse/Hansa – ‚группа, союз', лат. Hansa Teutonica) сформировался в XII веке как союз купцов, затем – как союз купеческих гильдий, и к концу XIII века – как союз городов. Его членами в разное время были более 200 городов, расположенных, главным образом, в бассейне Северного и Балтийского морей. Ганза – самый долговечный международный торгово-экономический союз, существовавший в XIII – XVII веках.

Дополнительная литература:

Бережков, М. Н.: О торговле Руси с Ганзой до конца XV века. Тип. В. Безобразов и Комп., СПб. 1879.

Вальтер Фризен: Горизонты империи. AFZ ETHNOS e. V., Dortmund-Bodelschwingh 2016; ISBN: 978-3-96103-115-3.

9. 25 июля (4 августа). Этот день является днём поминовения апостола Иакова Старшего, сына Зеведея. Апостол Иаков стал святым покровителем борьбы испанцев против мусульман.

10. Первоначально славянское поселение Любице (Liubice) находилось в 6 км ниже по течению р. Тра́ве от центра «старого города» современного Любека, при впадении в неё р. Швартау (Schwartau).

Дополнительная литература:
Klug, Karl: Alt-Lübeck. // Zeitschrift für Lübeckische Geschichte, Band 1 (1860); S. 221–248.

11. Рига (латыш. Rīga), в настоящее время – столица Латвии, находится на обоих берегах реки Даугава (латыш. Daugava, нем. Düna) при её впадении в Рижский залив.
Дополнительная литература:
Fülberth, Andreas: Riga / Kleine Geschichte der Stadt. Böhlau, Köln/Weimar/Wien 2014; ISBN 978-3-412-22165-2.

12. Ревель (нем.: Reval/Revel) в сочинении арабского географа Аль-Идриси «Книга Рожера», написанном в 1154 году, упоминается как Колывань. До XVIII века русские письменные источники также называют это поселение Колыванью. В конце XIX века в Ревеле издавалась газета «Колывань». После завоевания поселения датчанами, оно стало называться Таллинн, вероятно от слов taani linn «датский град», tali linn «зимовье» или talu linn «дом, усадьба-замок». После провозглашения независимости Эстонии в 1918 году название «Таллинн» было принято официально.
Дополнительная литература:
Brüggemann, Karsten; Tuchtenhagen, Ralph: Tallinn / Kleine Geschichte der Stadt. Böhlau Verlag, Köln-Weimar-Wien 2011; ISBN 978-3-412-20601-7.

13. Накануне Ливонской войны (17 января 1558 – 26 мая 1583) в Священной Римской империи немецкого народа фактически царило безвластие. Согласно общепринятой версии, император Карл V Габсбург (**Karl V**.; 1500 – 21 сентября 1558), ещё в 1556 году изъявлял желание отказаться от императорской власти, однако курфюрсты приняли его отречение и избрали императором Фердинанда I (Ferdinand I.; 1503–1564) лишь в феврале 1558 года.

Дополнительная литература:

Schilling, Heinz: Karl V / Der Kaiser, dem die Welt zerbrach. Beck, München 2020; ISBN 978-3-406-74899-8.

14. См. комментарий 2.

15. Бремен (Bremen) – город на северо-западе Германии. Вместе с приморским портом Бремерхафен образует Землю Вольный ганзейский город Бремен (Freie Hansestadt Bremen).

Дополнительная литература:

Elmshäuser, Konrad: Geschichte Bremens. Beck, München 2007; ISBN 978-3-406-55533-6.

16. Курфюршество Саксония (Kurfürstentum Sachsen) – государственное образование, существовавшее с 1356 по 1806 годы и входившее в состав Священной Римской империи.

Дополнительная литература:

Kroll, Frank-Lothar (Hrsg.): Die Herrscher Sachsens / Markgrafen, Kurfürsten, Könige 1089–1918. C.H. Beck, München 2007; ISBN 978-3-406-54773-7.

17. Вестфалия (Westfalen) – историческая область на северо-западе Германии. В настоящее время образует восточную часть земли Северный Рейн-Вестфалия (Nordrhein-Westfalen).

Дополнительная литература:

Klueting, Harm: Geschichte Westfalens / Das Land zwischen Rhein und Weser vom 8. bis zum 20. Jahrhundert. Bonifatius, Paderborn 1998; ISBN 3-89710-050-9.

18. Штральзунд (Stralsund) – приморский город на севере Германии в земле Мекленбург-Передняя Померания.

Дополнительная литература:

Herbert, Ewe: Das alte Stralsund – Kulturgeschichte einer Ostseestadt. Weimar 1994; ISBN 3-7400-0881-4.

19. Прусский союз (Preußischer Bund) – организация немецких городов и духовенства, созданная в 1440 году для организации в союзе с поляками противодействия Немецкому ордену. Основные города-члены Союза вошли в состав Королевства Польского как часть Королевской Пруссии (Königlich Preußen).

Дополнительная литература:

Müller, Michael G.: Zweite Reformation und Städtische Autonomie im Königlichen Preußen. Danzig, Elbing und Thorn in der Epoche der Konfessionalisierung (1557–1660). Berlin 1998; ISBN 3-05-003215-4.

20. *Примечание Константина Хёльбаума.*

Цитируются: Fr. Bienemann, Briefe und Urkunden z. Gesch. Livlands in den Jahren 1558–1562 (до настоящего времени изданы в Риге 3 тома). См. также: C. Cshirren, Quellen z. Gesch. des Untergangs livländischer Selbstständigkeit 1557–1561 (5 Bde., Reval 1861–1865) и Bienemann, Aus baltischer Vorzeit S. 95–124.

21. Ливы – прибалтийско-финский народ, ближайшие родственники эстонцев. В IX–XII веках ливы населяли побережье Рижского залива. По некоторым оценкам, к началу XIII века численность ливов составляла 40–60 тысяч человек.

Дополнительная литература:

Hillner, Carl Johann Wilhelm Julius: Die Liven an der Nordküste von Kurland. St. Petersburg / Leipzig 1847.

22. Латыши (latvieši) – балтийский народ, составляющий большинство населения Латвии. Латыши появились в результате слияния древних балтийских (латгалы, курши, земгалы и селы) и финно-угорских (ливы) народов во время существования средневековой Ливонии в XIII–XVI веках. Первым свидетельством существования письменного латышского языка является перевод молитвы «Отче наш» в «Космографии» (Cosmographia) немецкого учёного Себастиана Мюнстера (Sebastian Münster; 1489–1552), изданной в 1544 году.

Дополнительная литература:

Смирин, Г.: Основные факты истории Латвии, 2-е изд.. SI, Рига 1999; ISBN 9984–630–36–6.

23. Эстонцы (эст. eestlased) – прибалтийско-финский народ. До XIX века эстонцы называли себя maarahvas «народ земли», то есть занимающийся земледелием. Термин eestlane пришёл из латыни (aesti); так назывался народ, населявший дальний берег Балтийского моря. В Средние века на Руси предков эстонцев называли «чудью».

Дополнительная литература:

Beyer, Jürgen: Ist maarahvas (‚Landvolk'), die alte Selbstbezeichnung der Esten, eine Lehnübersetzung? / Eine Studie zur Begriffsgeschichte des Ostseeraums. // Zeitschrift für Ostmitteleuropa-Forschung 56 (2007), Verlag Herder-Institut, Marburg 2007; S. 566–593; ISSN 0948-8294.

24. Коренное население Скандинавии составляют шведы, норвежцы, датчане, финны и финно-угорский народ саамы. В Средние века в Скандинавии жило большое число немцев. С 1296 по 1478 год половина из 24 членов городского совета Стокгольма избиралась из немцев.

25. Непосредственно с населением юго-восточного побережья Балтийского моря граничили кривичи – союз восточноевропейских племён, который образовался в VI–X веках, в основном, на территории современной Белоруссии и Псковской области России. Отличительной чертой погребений кривичей являются длинные курганы – валообразные земляные насыпи. Все длинные курганы содержат захоронения по обряду трупосожжения. Кривичская курганная культура отличается от синхронных славянских культур Поднепровья. В VIII–IX веках началось массовое расселение славян на этих территориях. Большими группами они селились на правобережье Днепра и Березине. Впереди шли вооружённые дружины, вслед за ними – земледельческое население, которое ассимилировало местные племена. Поляне захватили в IX веке земли по среднему течению Днепра, на его правом берегу. То же название имело и западнославянское племя в районе Гнезно, впоследствии давшее своё имя полякам и Польше. Последний племенной князь кривичей Рогволод вместе с сыновьями был убит в 980 году. Южнее находились вятичи – восточноевропейский племенной союз, живший в VIII–XII веках на территории современных Московской, Калужской, Орловской, Рязанской, Смоленской, Тульской и Липецкой областей. Самоназвание вятичей (*vętitji) восходит к индогерманскому корню *vęt- «большой» и сопоставимо, к примеру, с этнонимом «вандалы» (древнегерманский народ, близкий готам). Эти этнонимы означали «большой народ». В отличие от славян, вятичи хоронили умерших в курганах: «И, если кто умрёт, совершают над ним тризну.

После неё складывают большой костёр, кладут на него мертвеца и сжигают. После этого, собрав кости, складывают их в малый сосуд и ставят на столбе у дороги. Так делают вятичи и ныне. Такому же обычаю следуют и кривичи, и прочие язычники.» (Повесть временных лет). Женщины носили характерные украшения – шейные гривны, которые не принадлежат к числу распространённых украшений в восточнославянском мире X–XII вв.

26. *Примечание Константина Хёльбаума.*
Heinrich von Lettland XVI, 2, X, 13 ; я использую перевод E. Pabst, Reval, 1867.

27. Название реки Везер (Weser) происходит от древнего индогерманского корня ***u̯eis-** «течь, растекаться». Однокоренные гидронимы встречаются по всей Европе: Вишера – в Новгородской области, **Viešintà** – в Литве, **Visa** – в Норвегии и Швеции, **Wisła** – главная река Польши.

28. «Хроника Ливонии Генриха» (Heinrici Chronicon Lyvoniae) написана на латинском языке немецким летописцем Генрихом Латвийским (лат. Henricus de Lettis / Henricus Lettus, нем. Heinrich von Lettland; 1187–1259). Она описывает исторические события в Ливонии и окружающих странах в период с 1180 по 1227 год. В 1874 году Хроника была издана под редакцией Вильгельма Фердинанда Арндта (Wilhelm Ferdinand Arndt; 1838–1895): Henricus Lettus.

Дополнительная литература:

Генрих Латвийский: Хроника Ливонии (Введение, перевод и комментарии С. А. Аннинского; предисловие В. А. Быстрянского). Изд-во Акад. Наук СССР, Москва–Ленинград 1938.

29. Герман Вартбергский (Hermann von Wartberge; около 1330–1380) – ливонский священник, хронист и дипломат, автор «Ливонской хроники» (Chronik von Livland). Родился в Варбурге (Warburg, сейчас – в федеральной земле Северный Рейн-Вестфалия).

Дополнительная литература:

Вартберг, Герман: Ливонская хроника // Андреев, А. Р.; Шумов, С. А. (составители): Тевтонский орден / Крах крестового похода на Русь. Алгоритм, Эксмо, Москва 2005; стр. 204–291; ISBN 5-699-12382-2.

30. Иоганнес Фохт (Johannes Voigt; 1786–1863) – немецкий историк, член-корреспондент Санкт-Петербургской академии наук.

Дополнительная литература:

Todte, Mario; Voigt, Georg: Pionier der historischen Humanismusforschung, Leipziger Universitätsverlag, Leipzig 2004; ISBN 3-937209-22-0.

31. Замойские (Zamoyski, мн. Zamoyscy) – польский графский род, игравший исключительную роль в национальной истории и культуре.

Дополнительная литература:

Замойские // Энциклопедический словарь Брокгауза и Ефрона в 86 томах. АО «Ф. А. Брокгауз – И. А. Ефрон», Санкт-Петербург 1890–1907.

32. В тексте: Codices.

33. *Примечание Константина Хёльбаума.*
См.: C. Schirren, Der Codex Zamoscianus (Dorpat 1865), вышеприведённый перевод, а также E. Winkelmann, Bibliotheca Livoniae historica Nr . 1720. Предпринятый анализ бесценного текста, выполненный для института Monumenta Germaniae Historica я не

принимаю во внимание, поскольку общественности пока ещё ничего о нём неизвестно.

34. Адам Бременский (нем. Adam von Bremen, лат. Adamus Bremensis; умер после 1081 года) написал на латинском языке, в 4-х книгах «Деяния архиепископов Гамбургской церкви» (лат. Gesta Hammaburgensis ecclesiae pontificum).

Дополнительная литература:

Адам Бременский // Энциклопедический словарь Брокгауза и Ефрона в 86 томах. АО «Ф. А. Брокгауз – И. А. Ефрон», Санкт-Петербург 1890–1907.

35. Иоганн Георг Коль (Johann Georg Kohl; 1808–1878) – историк, географ и путешественник, основатель транспортной иерархической модели на примере Москвы.

Дополнительная литература:

Elsmann, Thomas: Johann Georg Kohl: ein Leben zwischen der Alten und der Neuen Welt. Schünemann, Bremen 2010; ISBN 978-3-7961-1965-1.

36. Кассель (Kassel) – город в Германии в земле Гессен на реке Фульда.

Дополнительная литература:

Brunner, Hugo: Geschichte der Residenzstadt Cassel / 913–1913 / Zur Feier des 1000-jährigen Bestehens der Stadt. Weidlich, Frankfurt am Main 1978; ISBN 3-8128-0019-5.

37. Вильгельм Дилих (Wilhelm Dilich, также Dilich-Schäffer, в действительности – Wilhelm Scheffer / Schöffer (1571–1650) был немецким строительным иинженером, гравёром, художником, топографом и военным писателем. Себя он называл «географом и историком» (Geographus und Historicus).

Дополнительная литература:
Nieder, Horst: Wilhelm Dilich / Zeichner, Schriftsteller und Kartograph in höfischem Dienst. Weserrenaissance-Museum, Lemgo 2002; ISBN: 978-3980781626.

38. Иллюстрированная книга Вильгельма Дилиха (см. 37) на латинском **Urbis Bremae et praefecturarum, quas habet, Typus et Chronicon** была издана в 1604 году, она содержала 23 выгравированные карты и виды Бремена.

Дополнительная литература:
Nieder, Horst: Wilhelm Dilich / Zeichner, Schriftsteller und Kartograph in höfischem Dienst. Weserrenaissance-Museum, Lemgo 2002; ISBN: 978-3980781626.

39. Иоганн Реннер (Johann Renner; 1525–1583) – немецкий юрист и историк; в 1554–1561 гг. жил в Ливонии, где служил управителем канцелярии в некоторых орденских замках. После своего возвращения в Германию был нотариусом в Бремене, написал в 1580 году «Ливонскую историю» (Liflandische Historie), которая была напечатана лишь в 1872–1876 годах.

Дополнительная литература:
Филюшкин, А. И.: Особенности рассказа о Ливонской войне хроники Иоганна Реннера // Studia Slavica et Balcanica Petropolitana, 2011, № 1, стр. 93–100; ISSN 1995-848X.

40. *Примечание Константина Хёльбаума.*
См.: Baltische Monatsschrift, 1872, стр. 92. Не так давно и я сам (Renners livländ. Historien S. 85 ff.) выписки Фохта рассматривал в качестве обоснования эфимерной гипотезы.

41. Thomas Horner.

42. Kompendium der livländischen Geschichte.

43. Bartholomäus Grefenthal.
Дополнительная литература:
Bunge, Friedrich Georg von: Die letzten Zeiten des Erzbisthums Riga, dargestellt in einer gleichzeitigen Chronik des Bartholomäus Grefenthal und in einer Sammlung der auf jene Zeiten bezüglichen Urkunden (= Monumenta Livoniae antiquae. Sammlung von Chroniken, Berichten, Urkunden und andern schriftlichen Denkmalen und Aufsätzen, welche zur Erl. der Geschichte Liv-, Ehst- und Kurland's dienen, 5. Band. Eduard Frantzen's Verlags – Comptoir, Riga und Leipzig 1847.)

44. Бальтазар Рюссов (Balthasar Rüssow/Russow, около 1540–1600 года) – хронист, автор «Хроники провинции Ливонии» (Chronica der Provinz Lyfflandt), изданной в 1578 году, был проповедником и учителем в Ревеле.
Дополнительная литература:
Johansen, Paul: Balthasar Rüssow als Humanist und Geschichtsschreiber. Bearbeitet von Heinz von zur Mühlen. Böhlau, Köln 1996 (= Quellen und Studien zur Baltischen Geschichte 14); ISBN 3-412-08795-5.

45. *Примечание Константина Хёльбаума.*
См.: Hildebrand, Die Chronik Heinrichs v. L . S. 145 ff. Приведённые слова взяты из Russow s. SS. rer. Livon. 2, стр. 7.
Дополнительная литература:
Rüssow, Balthasar: Scriptores rerum Livonicarum. Sammlung der wichtigsten Chroniken und Geschichtsdenkmale von Liv-, Ehst- und Kurland, in genauem Wiederabdrucke der besten, bereits gedruckten, aber selten gewordenen Ausgaben. Erste Lieferung. Eduard Frantzen's Verlags-Comptoir, Riga und Leipzig 1846.

46. Константин Хёльбаум упоминает **die grosse Hochmeisterchronik.** Непонятно, кому конкретно из великих магистров Немецкого ордена принадлежит это сочинение: Фридриху Саксонскому (Friedrich von Sachsen; 1474–1510), 36-му великому магистру Немецкого ордена с 1498 года, или Альбрехту Бранденбург-Ансбахскому (Albrecht von Brandenburg-Ansbach; 1490–1568), последнему великому магистру Ордена и первому герцогу Пруссии. Возможно, имеется в виду «Новая рифмованная хроника» Варфоломея Гёнеке (Jüngere Livländische Reimchronik von Bartholomäus Hoeneke), капеллана при магистре Ливонского ордена.

47. Ливонская рифмованная хроника (Livländische Reimchronik) – древний письменный исторический памятник XIII века, является типичным примером рыцарской поэзии.

Дополнительная литература:

Livländische Reimchronik. Hrsg. von Franz Pfeiffer. Litterarischer Verein, Stuttgart 1844 (Digitalisat; Nachdruck: Rodopi, Amsterdam 1969).

48. Альберт Кранц (Albert Krantz; 1448–1517) – немецкий богослов, историк и дипломат, один из самых популярных писателей XV–XVI вв.

Дополнительная литература:

Andermann, Ulrich: Albert Krantz. Wissenschaft und Historiographie um 1500 (= Forschungen zur mittelalterlichen Geschichte. Bd. 38). Böhlau, Weimar 1999, ISBN 3-7400-1103-3.

49. Герд Ринесберх (Gerd Rinesberch / Rinesberg / Ghert Rynesberch; до 1316–1406) совместно с Хербордом Шене издал на нижненемецком первую хронику Бремена.

Дополнительная литература:
Rinesberch, Gerd; Schene, Herbord: Bremer Chronik // Bremen / Die Chroniken der niedersächsischen Städte (37. Band) / Historische Kommission bei der Bayerischen Akademie der Wissenschaften durch Hermann Meinert (Hrsg.). Carl Schünemann Verlag, Bremen 1968.

50. *Примечание Константина Хёльбаума.*
См. Lappenberg, Brem. Geschichtsqu. стр. 62; О составлении сочинения см. Koppmann, Brem. Jahrb. 6, стр. 262.

51. Генрих Вольтерс (Heinrich Wolters / Henricus Wolter; документально засвидетельствованы годы жизни с 1432 по 1463) был немецким хронистом и каноником.
Дополнительная литература:
Schmidt, Heinrich: Wolters, Heinrich. Hans Friedl u. a. (Hrsg.) / Biographisches Handbuch zur Geschichte des Landes Oldenburg / Hrsg. im Auftrag der Oldenburgischen Landschaft. Isensee, Oldenburg 1992; ISBN 3-89442-135-5, S. 816–817.

52. Акко – город в Израиле, расположенный на берегу Средиземного моря. В 1104 году был завоеван крестоносцами, став столицей Иерусалимского королевства с новым названием Сен-Жан д'Акр (St. Jean d'Acre). В 1190 году немецкие паломники учредили близ крепости Акры госпиталь для больных и раненых соотечественников.
Дополнительная литература:
Хартмут, Бокман: Немецкий орден / Двенадцать глав из его истории / Пер. с нем. В. И. Матузовой. Ладомир, Москва 2004; ISBN 5-86218-450-3.

53. *Примечание Константина Хёльбаума.*
S. M. Perlbach, Ueber die Narratio de primordiis ordinis theutonici, Forschungen z. D. Gesch. 13, S. 387 ff.

54. Комтурство (Komturei, Kommende) – минимальная административная единица в составе Немецкого ордена. К 1300 году в Ордене насчитывалось около 300 комтурств, расположенных от Сицилии до Прибалтики. Как правило, комтурство состояло из одного замка и непосредственно прилегающих к нему территорий. Во главе каждого комтурства стоял комтур (Komtur).

Дополнительная литература:

Хартмут, Бокман: Немецкий орден / Двенадцать глав из его истории / Пер. с нем. В. И. Матузовой. Ладомир, Москва 2004; ISBN 5-86218-450-3.

55. Циссе фон дем Рутенберх (Cysäe von Rutenberch / Cisse von dem Rutenberg; (? – ноябрь 1433) был магистром Ливонского ордена с 1424 года и по 1433 год.

56. *Примечание Константина Хёльбаума.*
О сказанном выше см. Ehmck и Schumacher в их сочинениях: Brem. Jahrb. 2, стр. 153–244; der zweite ist zum grössten Theil wiederholt; второй в значительной степени повторяет von Pabst , Beiträge z. Kunde Est -, Liv- und Kurlands стр. 38–52, 114–177.

Примечание переводчика:

Ehmck = Diedrich Rudolf Ehmck (1836–1908) был филологом, историком и сенатором в Бремене, печатался в «Бременском ежегоднике» (Bremisches Jahrbuch). Schumacher = Hermann Albert Schumacher (1839–1890 in Bremen) был юристом и историком, печатался в «Бременском ежегоднике» (Bremisches Jahrbuch). Pabst = Eduard Pabst, его работа была издана в «Очерках по истории Эстонии, Ливонии и Курляндии» (Beiträge zur Kunde Ehst-, Liv- und Kurlands).

57. Адальберт Бременский (Adalbert von Bremen, Albert, Adalbert I.; ок. 1000–1072) был архиепископом Гамбургским и Бременским с 1043 года.

Дополнительная литература:
Dannenberg, Karl: Erzbischof Adalbert von Hamburg-Bremen und der Patriarchat des Nordens / eine historisch-kritische Untersuchung. v. Hirschheydt, Hannover-Döhren 1978; ISBN 3-7777-0051-7.

58. Епархия Лунда (Bistum Lund) – диоцез Церкви Швеции, сформированный приблизительно в 1050 году. До 1553 года было католическим епископством.
Дополнительная литература:
Seegrün, Wolfgang: Das Papsttum und Skandinavien bis zur Vollendung der nordischen Kirchenorganisation (1164 // Quellen und Forschungen zur Geschichte Schleswig-Holsteins, Band 51. Wachholtz, Neumünster 1967.

59. Гартвих I фон Штаде (Hartwig I. von Stade; 1118–1168) был архиепископом Бремена.
Дополнительная литература:
Dehio, Georg: Hartwig I. (Erzbischof von Bremen) // Allgemeine Deutsche Biographie (ADB), Band 10. Duncker & Humblot, Leipzig 1879; S. 716–718.

60. Генрих Лев (Heinrich der Löwe; 1129–1195) – герцог Саксонии и Баварии.
Дополнительная литература:
Schneidmüller, Bernd: Die Welfen / Herrschaft und Erinnerung (819–1252), 2. Auflage. Kohlhammer, Stuttgart 2014; ISBN 3-17-026104-5.

61. Трондхейм (Trondheim, Trondhjem) – город Норвегии, расположен в устье реки Нидельвы (Nidelva) на берегу Тронхеймского фьорда (Trondheimfjord). Историческое название – Нидарос (Nidaros).

62. В Римско-католической Церкви, примас – архиепископ, которому присуждается предстоятельство по отношению к другим епископам страны или исторической области. Это предстоятельство по каноническому праву не даёт никаких дополнительных полномочий или власти по отношению к другим архиепископам или епископам. Титул используется в католических странах как почётный. Звание примаса обычно даётся иерарху одной из самых старых митрополий в стране.

63. Балдуин Бременский (Balduin I. von Bremen / Baldwin; ? – 1178) был с 1168 года архиепископом Бремена.

Дополнительная литература:

Dehio, Georg: Geschichte des Erzbistums Hamburg-Bremen bis zum Ausgang der Mission, Band II. Berlin 1877, S. 89 ff.

64. Зигфрид (Siegfried I., Siegfried von Anhalt; ок. 1132–1184) был с 1173 по 1180 год римско-католическим епископом Бранденбургским, затем – архиепископом Бремена.

Дополнительная литература:

May, Otto Heinrich: Regesten der Erzbischöfe von Bremen. Bearbeitet von Otto Heinrich May. Historische Kommission für die Provinz Hannover, Oldenburg, Braunschweig, Schaumburg-Lippe und Bremen, Hannover 1928.

65. Гартвиг фон Утледе (Hartwig von Utlede, Hartwig II.; ?–1207) – немецкий аристократ, священник, который с 1184 года был князем-архиепископом Бременским (Erzbischof von Hamburg-Bremen, und Reichsfürst von Bremen).

Дополнительная литература:

Dehio, Georg: Hartwig II. // Allgemeine Deutsche Biographie (ADB), Band 10. Duncker & Humblot, Leipzig 1879, S. 718 f.

66. Луций III (Lucius PP. III; 1097–1185 года) был Папой Римским с 1 сентября 1181 года.
Дополнительная литература:
Луций, римские папы // Энциклопедический словарь Брокгауза и Ефрона в 86 томах. АО «Ф. А. Брокгауз – И. А. Ефрон», Санкт-Петербург 1890–1907.

67. Шверин (Schwerin) – город в Германии, в настоящее время является административным центрм федеральной земли Мекленбург-Передняя Померания.
Дополнительная литература:
Kasten, Bernd; Rost, Jens-Uwe: Schwerin / Geschichte der Stadt. Thomas Helms Verlag, Schwerin 2005; ISBN 3-935749-38-4.

68. Ратцебург (Ratzeburg) – город в Германии, расположен в земле Шлезвиг-Гольштейн.
Дополнительная литература:
Kaack, Hans-Georg: Ratzeburg Geschichte einer Inselstadt. Wachholtz, Neumünster 1987; ISBN 3-529-02683-2.

69. Икскюль (Uexküll) – первое укреплённое поселение немцев на правом берегу Двины, в 28 километрах от Риги.
Дополнительная литература:
Urban, William: The Teutonic Knights / A Military History. Greenhill Books, London 2003; ISBN 978-1853675355.

70. *Примечание Константина Хёльбаума*
См.: Hamb. U. B. Nr. 268, 278, 280 und Dehio, Hartwich (I.) von Stade Erzbischof von Hamburg-Bremen.
Примечание переводчика:
Hamb. U. B. = Hamburger Urkundenbuch.

71. *Примечание Константина Хёльбаума*
Arnold. Lubec. V, 30, Mon. Germ. hist . SS. 21.

72. Мейнард (Мейнгард, Майнхард) фон Зегеберг (Meinhard von Segeberg; 1127–1196), известный также как Святой Мейнард, был первым известным христианским миссионером в Ливонии и первым епископом Икскюльским.

Дополнительная литература:

Tuchtenhagen, Ralph: Geschichte der baltischen Länder. C.H. Beck, München 2005; ISBN 3-406-50855-3; S. 15f.

73. Бертольд Шульте (лат. **Bertoldus**, нем. **Berthold Schulte**; ? – 24 июля 1198) – второй епископ Икскюльский в 1196–1198 годах; возможно, основатель Риги.

Дополнительная литература:

Патриарх Алексий II: Православие в Эстонии // Православная энциклопедия. Церковно-научный центр, Москва 1999; ISBN 5-89572-004-8; стр. 50; ISBN 5-89572-004-8.

74. Альберт фон Буксгевден (Albert von Buxhoeveden, Buxhövden, Buxhöveden, Buxhöwde, Albert von Apeldern; 1165–1229) – рижский епископ в 1199–1229 годах, почитается как основатель Риги.

75. Терра Мариана (лат. Terra Mariana «Земля девы Марии»), то есть территория, находящаяся под особым покровительством Матери Божьей – официальное название средневековой Ливонии. 2 февраля 1207 года эта территория была объявлена княжеством в составе Священной Римской империи, а в 1215 году провозглашена владением Папы Римского и его администрации (Римской курии).

Дополнительная литература:

Форстер, Георг: Ливония // Энциклопедический словарь Брокгауза и Ефрона в 86 томах. АО «Ф. А. Брокгауз – И. А. Ефрон», Санкт-Петербург 1890–1907.

76. *Примечание Константина Хёльбаума.* См.: Livland. U. B. Nr. 2–8 und Hausmann, Das Ringen der Deutschen und Dänen um den Besitz Estlands S. 2–4.

77. Иннокентий III (Innocentius PP.; ок. 1161 – 16 июля 1216) был Папой Римским с 8 января 1198 года, покровительствовал созданию в 1198 году в Палестине Немецкого ордена.

Дополнительная литература:

Ашиль, Люшер: Иннокентий III и альбигойский крестовый поход. Евразия, Санкт-Петербург 2017; ISBN 978-5-8071-0358-1.

78. Альберт II Зуэрбеер (Albert Suerbeer; ? –1273, Рига) – первый архиепископ Риги. Он был активным сторонником папства и пытался перевести восточную часть побережья Балтийского моря под юрисдикцию Папы Римского. Его усилия не увенчались успехом и территория закрепилась за Немецким орденом.

Дополнительная литература:

Bautz, Friedrich Wilhelm: Albert II. Suerbeer // Biographisch-Bibliographisches Kirchenlexikon (BBKL), Band 1. Bautz, Hamm 1990, ISBN 3-88309-013-1; Sp. 84.

79. Рижские архиепископы (Erzbischöfe von Riga) являлись как духовными, так и светскими правителями Рижского архиепископства, а также главенствовали над епископами Ливонии и Пруссии.

80. *Примечание Константина Хёльбаума.* См.: Hamb. U. B. Nr. 390, 426, 467, Livl . U. B. Nr. 26, 44, 45, 57, 3013, 188, 189. Hansische Geschichtsblätter II.

81. *Примечание Константина Хёльбаума.*
Характер остальных толкований, как кажется, указывает также на их неливонское происхождение, например: „Hartwicus“ (I, 8), „Sachsen, Westfalen, Friesenland “ (X, 17) на Arn. Lub. V, 30; прозвания духовных лиц Ордена в XII, 5 и т. д.

82. *Примечание Константина Хёльбаума.*
См.: Lappenberg, там же, стр. 67, также стр. 36 примеч I.

83. Адриан IV (Hadrianus PP. IV; в миру Nicholas Breakspeare, ок1115–1159) – Папа Римский с 4 декабря 1154 года, единственный англичанин на папском престоле.
Дополнительная литература:
Адриан, римские папы // Энциклопедический словарь Брокгауза и Ефрона в 86 томах. АО «Ф. А. Брокгауз – И. А. Ефрон», Санкт-Петербург 1890–1907.

84. В тексте: juste et canonice.

85. Виктор IV (II) (Viktor IV.; 1095–1164) – антипапа в 1159–1164 годах, противостоял Александру III. (Alexander III; 1105–1181) – Папе Римскому с 7 сентября 1159 года по 30 августа 1181 года.
Дополнительная литература:
Виктор, римские папы // Энциклопедический словарь Брокгауза и Ефрона в 86 томах. АО «Ф. А. Брокгауз – И. А. Ефрон», Санкт-Петербург 1890–1907.

86. Ольденбург (Oldenburg) на реке Хунте в Нижней Саксонии был впервые упомянут в 1108 году как Aldenburg. В Средние века служил столицей династии Ольденбургов (Haus Oldenburg).

Дополнительная литература:
Lübbing, Hermann: Oldenburg, Historische Konturen. Heinz Holzberg Verlag, Oldenburg 1971; ISBN 3-87358-045-4.

87. Мекленбург (Mecklenburg) – регион на севере Германии, ныне часть земли Мекленбург-Передняя Померания.
Дополнительная литература:
Karge, Wolf; Münch, Ernst; Schmied, Hartmut: Die Geschichte Mecklenburgs / Von den Anfängen bis zur Gegenwart. Hinstorff, Rostock 2011; ISBN 978-3-356-01039-8.

88. Фридрих I Гогенштауфен, по прозвищу «Рыжебородый» (Friedrich I Rotbart; 1122–1190) был императором Священной Римской империи с 1155 года.
Дополнительная литература:
Балакин, В. Д.: Фридрих Барбаросса. Молодая гвардия, Москва 2001; ISBN 5-235-02404-4.

89. *Примечание Константина Хёльбаума.*
См.: Hamb. U. B. Nr. 217, 221 u. 208. Ср. также: Pabst: Archiv f. d. Gesch. Liv- , Est - u. Kurlands, herausg. v. Bunge, 4, стр. 39.

90. *Примечание Константина Хёльбаума.*
Коль в упомянутом сочинении.

91. **Суффраган** (лат. Suffraganeus) – название епископов тех епархий, которые входили в церковную провинцию, возглавляемую архиепископом.

92. Иоганн фон Фехте (Johannes von Vechta, Johannes von Vechte, Johann[es] de Vacata; ?–1294) с 1278 по 1285 был епископом Вармии (Ermland) и с 1286 – архиепископом Рижским.

Дополнительная литература:
Jähnig, Bernhart: Johanes von Vechta (de Vacata) // Gatz, Erwin; Brodkor, Clemens: Die Bischöfe des Heiligen Römischen Reiches 1198–1448. Duncker und Humblot Verlag, Berlin 2002; ISBN 3-428-10303-3; S. 650.

93. Константин Хёльбаум упоминает духовное лицо **Volkhard von Harpenstede.**

94. Зегеберг (ныне – Bad Segeberg, (Bad) Sebarg) – город в земле Шлезвиг-Гольштейн.
Дополнительная литература: Siemonsen, Hans: Bad Segeberg in neun Jahrhunderten. Wäser Verlag, Bad Segeberg 1984 (ISBN 3-87883-023-8).

95. Альтцелле, Альтцелла (Altzell, лат. Cella Sanctae Mariae от Cella «келья») — упразднённый в 1540 году монастырь во имя Девы Марии в немецком городе Носсен (Nossen) в Саксонии.

96. Падерборн (Paderborn, н.-нем. Patterbuorn, Paterboärn) – город на северо-востоке земли Северный Рейн-Вестфалия, является столицей Архиепархии Падерборна (Erzbistum Paderborn).

97. У автора: Hamersleve. Возможно, имеется в виду Hamersleben, сейчас – район коммуны Ам-Гросен-Брух (Am Großen Bruch) в нынешней земле Саксония-Анхальт. Там же находится монастырь Hamersleben.

98. У автора: Homburg. Скорее всего, имеется в виду Homburg-Bröl, сейчас – район общины Нюмбрехт (Nümbrecht) в нынешней земле Северный Рейн-Вестфалия. Там же находится замок Homburg (Schloss Homburg), являвшийся поместьем графов Хомбург.

Дополнительная литература:

Geldmacher, Marion: Die Anfänge von Nümbrecht und Homburg // Schriften zur Rheinischen Geschichte, 4. Wamper, Köln 1980. Besprechung in: Annalen des Historischen Vereins für den Niederrhein, Heft 184 (1981), S. 161–163.

99. У автора: Jericho. Скорее всего, имеется в виду Йерихов (Jerichow) – город в нынешней земле Саксония-Анхальт. Там же находится замок Йерихов (Burg Jerichow), которым в XII–XIV веках завладели феодалы de Jerichow, и монастырь Йерихов (Kloster Jerichow).

Дополнительная литература:

Stadtverwaltung Jerichow (Hrsg.): 850 Jahre Kloster- und Stadtgeschichte Jerichow 1144–1994. Jerichow 1994.

100. Люнебург (Hansestadt Lüneburg) – ганзейский город в Нижней Саксонии, в 50 км к юго-востоку от Гамбурга. В Средние века город славился богатством благодаря торговле солью, поскольку рядом с ним находились её месторождения. Соль доставляли в Любек, а оттуда – на балтийское побережье. Люнебург был одной из столиц герцогов Брауншвейг-Люнебургских (Herzogtum Braunschweig-Lüneburg).

Дополнительная литература:

Havemann, Wilhelm: Geschichte der Lande Braunschweig und Lüneburg, 3 Bände, Nachdruck. Hirschheydt, Hannover 1974/75, ISBN 3-7777-0843-7.

101. В 1201 году Конрад Майендорпе (Conradus de Meyendorpe) получил в ленное владение «замок Икскюль с прилегающей территорией»

(Burg und Gebiet Uexküll) на Двине, а в 1224 – половину православного Герсикского княжества (Fürstentum Gercike). Майендорпе / Майендорфы (Meyendorff) – старинный восточносаксонский род из района Магдебурга.

Дополнительная литература:

Taube, Michael von: Die von Uxkull / Genealogische Geschichte des uradeligen Geschlechts der Herren, Freiherren und Grafen von Uxküll 1229–1929, 3 Bände. Kluge u. Ströhm, München 1930–1955.

102. Веймар-Орламюнде (Weimar-Orlamünde) – династия тюрингского происхождения из графства Веймар-Орламюнде (Grafschaft Weimar-Orlamünde). В тюрингском городе Орламюнде (Orlamünde) находятся руины одноимённого замка.

Дополнительная литература:

Kahl, Wolfgang: Ersterwähnung Thüringer Städte und Dörfer / Ein Handbuch. Rockstuhl, Bad Langensalza 2010; ISBN 978-3-86777-202-0.

103. Плессе (Plesse) – фамильная династия из Родового Герцогства Саксония (Stammesherzogtum Sachsen), которая владела одноимённым замком с 1150 по 1571 год между Нортхаймом (Northeim) и Гёттингеном (Göttingen).

104. В Бремене и Лейпциге есть городские районы Seehausen.

105. У автора: Sladem. Возможно, имеется в виду Slate, сейчас – район города Пархим (Parchim) в нынешней земле Мекленбург-Передняя Померания.

106. Тизенгаузены (Tiesenhausen) – старинная фамильная династия, родом из Тизенгаузена (Tiesenhausen/

Tisenhusen), что вблизи города Нинбург-на-Везере (Nienburg/Weser), откуда Энгельбрехт фон-Тизенгузен (Engelbertus de Tysenhusen), женатый на сестре 1-го епископа Дорпата (Dorpat, Dörpt) Германа фон Буксгевдена (Hermann I. von Buxthoeven / Buxhöwden; 1163–1248) переселился в Ливонию (1210).

Дополнительная литература:

Tiesenhausen, Heinrich von: Nachrichten von seiner Familie, nebst verschiedenen dazu gehörenden, auch die liefländische Ordensgeschichte betreffenden, Urkunden und Anmerkungen: sämtlich aus dessen im Jahre 1575 aufgesetzten und handschriftlich hinterlassenen Geschlechts-Deduction, auszugsweise zusammen getragen. (mit Ahnentafeln am Ende des Bandes) // Neue nordische Miscellaneen, Band 18; Digitale Sammlungen der Universität Bielefeld; S. 5–116.

107. Дассель (Dassel) нижнесаксонская фамильная династия родом из города Дассель (Dassel).

Дополнительная литература:

Voß, Ernst: Das Lüneburger Inventarverzeichnis der Familie von Dassel // Einbecker Jahrbuch, Band 39, 1988; S. 111–128.

108. Дортмунд (Dortmund, н.-нем. Düörpm) – город на западе Германии, в федеральной земле Северный Рейн-Вестфалия.

Дополнительная литература:

Tewes, Ludger: Mittelalter im Ruhrgebiet / Siedlung am westfälischen Hellweg zwischen Essen und Dortmund (13. bis 16. Jahrhundert). Verlag Schoeningh, Paderborn 1997; ISBN 3-506-79152-4.

109. Ибург (Iburg) является названием следующих мест:
- руины замка Ибург близ города Бад-Дрибург, что в земле Северный Рейн-Вестфалия;
- замок и монастырь Ибург в городе Бад-Ибург, что в земле Нижняя Саксония;

- руины замка Ибург в районе Вальдсхут (Waldshut) в земле Баден-Вюртемберг.

110. Изенбург (Isenburg / Ysenburg) – фамильная династия по имени родового замка, близ Кобленца (Koblenz).
Дополнительная литература:
Decker, Klaus-Peter: Grafschaft Isenburg-Büdingen // Winfried Speitkamp (Hrsg.): Ritter, Grafen und Fürsten – weltliche Herrschaften im hessischen Raum ca. 900–1806. Historische Kommission für Hessen, Marburg 2014; ISBN 978-3-942225-17-5.

111. Цур Липпе (Zur Lippe) – фамильная династия из Вестфалии, по имени одноимённой реки. Под 1123 годом в документах впервые упоминается Бернгард I Липпский (Bernhard I. zur Lippe; ум. ок. 1158) в качестве сеньора Липпе – государства, существовавшего с 1123 по 1918 год.
Дополнительная литература:
Piderit, Philippine Charlotte Auguste: Die lippischen Edelherrn im Mittelalter. Schenk, Detmold 1876; Digitale Sammlungen der Lippischen Landesbibliothek / Theologische Bibliothek Detmold.

112. Бад-Пирмонт (Bad Pyrmont) – город в Германии, расположен в земле Нижняя Саксония. С 1180 по 1848 год на территории, прилегавшей к городу, существовало Графство Пирмонт (Grafschaft Pyrmont).
Дополнительная литература:
Menke, Karl Theodor: Pyrmont und seine Umgebung. Hameln/Pyrmont 1840; digitalisiert.

113. *Примечание Константина Хёльбаума.*
Сочинение Beziehungen Westfalens zu den Ostseeländern, besonders Livland, von Geisberg u.

Tücking in Ztschr. f. westfäl. Gesch. Bd. 30 (1872) не содержит того, что обещает название, и заслуживает ввиду своих многочисленных заблуждений ещё больше критики, чем предшествующая статья Шефера Бойхорста, в 29 томе того же журнала, которая уже вкратце касалась древнейшей истории Ливонии. Благожелательно посланная мне позже статья J. G. Kohl Die Bremer beim Aufbau der Stadt Riga, aus den Mittheilungen a. d. livl. Gesch. 12 ничего не меняет в моей аргументации, поскольку она опирается на беспочвенные утверждения об активном участии города Бремен в основании Риги, которые не выдерживают научной критики.

114. Генрих Борвин I (Heinrich Borwin I.; ок. 1150–1227), Генрих Борвин II (Heinrich Borwin II.; ум. 1226), Генрих Борвин III (Heinrich Borwin III.; ок. 1220–1278).

Дополнительная литература:

Fromm, Ludwig: Heinrich Borwin I. // Allgemeine Deutsche Biographie (ADB), Band 3. Duncker & Humblot, Leipzig 1876; S. 183.

115. Вицлав I (Wizlaw I; ок. 1180–1250 года) был князем Княжества Рюген (Fürstentum Rügen) с 1221 по 1250 год. В 1219 году он, как вассал Вальдемара II, короля Дании, участвовал в завоевании Датской Эстляндии (дат. Hertugdømmet Estland, лат. Ducatus Estoniae).

Дополнительная литература:

Wächter, Joachim: Das Fürstentum Rügen / Ein Überblick. // Porada, Haik Thomas (Hrsg.): Beiträge zur Geschichte Vorpommerns / Die Demminer Kolloquien 1985–1994. Thomas Helms, Schwerin 1997, ISBN 3-931185-11-7.

116. В источниках упоминается, что в 1091 году фамильная династия фон Штумпенхузен (von

Stumpenhusen) владела обширными поместьями в районе вестфальского Миндена (Minden). В 1181 году Ведекинд (Wedekind) стал графом фон Штумпенхузен (Graf von Stumpenhusen).

Дополнительная литература:

Hucker, Bernd Ulrich: Die Grafen von Hoya / Ihre Geschichte in Lebensbildern. Hoya u. Bielefeld 1993; ISBN 9783927085848.

117. Вильдесхаузен (Wildeshausen) – город в Германии, расположен в земле Нижняя Саксония.

Дополнительная литература:

Albrecht Eckhardt: Wildeshausen / Geschichte der Stadt von den Anfängen bis zum ausgehenden 20. Jahrhundert. Isensee, Oldenburg 1999; ISBN 978-3895986314.

118. Фриз („Friese“) Генрих I (Heinrich I. von Hoya; ум. 1235), захватив местность Хойя (западнее центрального Везера в Нижней Саксонии), стал с 1202 года первым графом Хойя (Grafschaft Hoya). Унаследовал графство Штумпенхузен (см. 116).

Дополнительная литература:

Museum Nienburg (Hrsg.): Die Grafschaften Bruchhausen, Diepholz, Hoya und Wölpe / Ein Streifzug durch die Geschichte. Museumsverein für die Grafschaften Hoya, Diepholz und Wölpe, Nienburg 2000; ISBN 3-9802844-7-6.

119. Родольф фон Штотль (Rudolf I. Graf von Stotel; 1202–1229) в 1219–1220 годах принял участие в крестовом походе на Литву под началом Альбрехта I (Albrecht I; ок. 1190–1260), – герцога Саксонии, курфюрста и рейхсмаршала Священной Римской империи.

Дополнительная литература:

Schriefer, Heinrich: Hagen und Stotel / Geschichte der beiden Häuser und Ämter; Hrsg.: Kultur- und Heimatverein der Burg zu Hagen, 3. Auflage. Atelier im Bauernhaus Verlag, Fischerhude 2011; ISBN 3-88132-149-7.

120. *Примечание Константина Хёльбаума.*
См.: Lappenberg, Urkdl. Gesch. des hansischen Stahlhofs zu London § 1 и das Bremische U. B.

121. Вальдемар II Победоносный (Valdemar Sejr; 1170–1241) был королём Дании с 1202 года.
Дополнительная литература:
Форстен, Г. В.: Вальдемар II // Энциклопедический словарь Брокгауза и Ефрона в 86 томах. АО «Ф. А. Брокгауз – И. А. Ефрон», Санкт-Петербург 1890–1907.

122. Мстислав Давыдович – князь Смоленский (1219–1230).
Дополнительная литература:
Рудаков, В. Е.: Смоленская земля // Энциклопедический словарь Брокгауза и Ефрона в 86 томах. АО «Ф. А. Брокгауз – И. А. Ефрон», Санкт-Петербург 1890–1907.

123. У Константина Хёльбаума: Heinrich Zeisig.

124. По мнению некоторых исследователей, слово Скра (Skra / Scra / Schra / Schrage) происходит от нижненемецкого „schra“, сравнимого с древнескандинавским skrá в значении «пергаментная книга, свод законов». Это слово родственно русскому слову скрижаль – «доска с написанным на ней священным или культовым текстом», а также латинскому scribere – «писать».
Дополнительная литература:
Рыбина, Е. А.: Скра // Великий Новгород / История и

культура IX–XVII веков. Нестор-История, Санкт-Петербург 2007; стр. 438–439; ISBN 5-98187-236-5. Schlüter, Wolfgang: Die Nowgoroder Schra in sieben Fassungen vom XIII. bis XVII. Jahrhundert. Mattiesen, Dorpat 1911.

125. См.: Винклер, Артур: Немецкая Ганза в России / Перевод и комментарии Вальтера Фризена. AFZ ETHNOS e. V., Dortmund 2020; ISBN 978-3-96103-854-1; гл. 3 и далее.

126. Ростокский земский мир (Rostocker Landfrieden) был заключён 13 июня 1283 года в Ростоке. Он гарантировал подписавшимся сторонам свободу передвижения по морю и по суше, освобождение от таможенных пошлин, отказ от территориальных притязаний.

Дополнительная литература:

Mohrmann, Wolf-Dieter: Der Landfriede im Ostseeraum während des späten Mittelalters. Lassleben, Kallmünz 1972, ISBN 3-7847-4002-2.

127. *Примечание Константина Хёльбаума.*
Старое заблуждение повлияло и на обсуждение Хаусманном (Hausmann) и Коппманном (Koppmann) ганзейских договоров (Hanserecesse): Balt. Monatsschr., 1871, стр. 92 примеч. Бинеманн (Bienemann) исправил свою ошибку в Ausbalt. Vorzeit стр. 12, в Balt. M., 1872, стр. 92.

128. См. 56.

129. *Примечание Константина Хёльбаума.*
In Bunges Archiv u.s.w. 3 – 5. 1867 in seiner Uebersetzung Heinrichs von L. S. 354 Anm. sagt er: „Kurzum, wann und von welchen Deutschen Livland

zuerst besucht worden sei, ist nun wieder ganz dahinzustellen." В архиве Бунге (Bunge) и т. д. 3–5. В 1867 в своём переводе Heinrichs von L. примечании на стр. 354 он говорит: «Одним словом, когда и какими немцами Ливония была впервые посещена, остаётся нерешённым.»

130. См. 56.

131. *Примечание Константина Хёльбаума.*
Сочинение Шумахера по этому вопросу, которое по слухам было в 1865 году опубликовано в „Brem. Sontagsblatt ", я не смог увидеть. (Я присоединился к рассуждениям Эмка (Ehmck) в газете Weserzeitung 1870, Nr. 8263 и 8304 при обсуждении сочинения Коля Livland – Amerika, Hamb. Corresp., 1870 Mai 6. K. K.).

132. Сааремаа (Saaremaa / Ösel, лат. Osilia) – самый большой остров Моонзундского архипелага, площадью 2673 км^2.
Дополнительная литература:
Livländische Ritterschaft und Oeselsche Ritterschaft: Zur Geschichte der Ritterschaften von Livland und Oesel. Ilmgau Verlag, Pfaffenhofen Ilm 1974; ISBN 3-7787-2011-2.

133. Хийумаа (Hiiumaa / Dagö) – остров в северной части Балтийского моря.
Дополнительная литература:
Даго // Энциклопедический словарь Брокгауза и Ефрона в 86 томах. АО «Ф. А. Брокгауз – И. А. Ефрон», Санкт-Петербург 1890–1907.

134. В средненижненемецком, официальном языке Ганзейского торгового союза, Нева называлась «Ну», как в старо-шведском – Ny(en) «Нева».

Дополнительная литература:
Нежиховский, Р. А.: Река Нева и Невская губа. Гидрометеоиздат, Ленинград 1981.

135. Каттегат (дат. Kattegat, швед. Kattegatt) – пролив между восточным берегом полуострова Ютландия и юго-западной частью Скандинавского полуострова.

136. Курши (латыш. Kurši, нем. Kuren) – народность, жившая в V–XVI веках на юго-восточном побережье Балтийского моря, давшая название Курляндии (Kurland).
Дополнительная литература:
Gaerte, Wilhelm Otto: Urgeschichte Ostpreußens. Gräfe und Unzer, Königsberg 1929.

137. Бардовикк (Bardowick, нижненемецкий: Bewick, в средневековых документах: Bardowieck, Bardowiek, Bardewyk, Bardewyck) – населённый пункт в земле Нижняя Саксония.
Дополнительная литература:
Бардовик // Энциклопедический словарь Брокгауза и Ефрона в 86 томах. АО «Ф. А. Брокгауз – И. А. Ефрон», Санкт-Петербург 1890–1907.

138. Готшальк (Gottschalk, Godeschalcus, Godescalcus «слуга божий»; ок. 1000–1066) – племенной вождь западнославянского племени ободритов. Он поддерживал христианских миссионеров и был убит восставшими язычниками. Почитается как святой и мученик за веру.
Дополнительная литература:
Готшальк, князь поморских славян // Энциклопедический словарь Брокгауза и Ефрона в 86 томах. АО «Ф. А. Брокгауз – И. А. Ефрон», Санкт-Петербург 1890–1907.

139. Швартау (Schwartau) – приток Тра́ве (см. 140) длиной 39 километров.

140. Тра́ве (Trave) – судоходная река, протекающая через Любек.

Дополнительная литература:

Zander, Sylvina: Oldesloe – Die Stadt, die Trave und das Wasser. Wachholtz-Verlag, Neumünster 2008; ISBN 3-529-07130-7.

141. *Примечание Константина Хёльбаума.*

Я основываюсь на Waitz, Schlesw. Holsteins Gesch. I, стр. 44 и т. д. и Frensdorff, Verfass. Lübecks, введение; частично и далее.

Примечание переводчика:

Waitz = Георг Вайц (Georg Waitz; 1813–1886) – немецкий историк, президент института Monumenta Germaniae Historica «Исторические памятники Германии», автор трёхтомника Schleswig-Holsteins Geschichte. Dieterich, Göttingen 1852. Frensdorff = Фердинанд Френсдорф (Ferdinand Frensdorff (1833–1931) был немецким юристом и историком; автор труда Die Stadt- und Gerichtsverfassung Lübecks im 12. und 13. Jahrhundert. Rohdensche Buchhaltung, Lübeck 1861.

142. Полабские славяне – термин, принятый для обозначения большой группы западнославянских племён, населявших приблизительно с конца V в. н. э. до середины XIII в. обширную территории от устья Эльбы на Западе до Одера на востоке, от Рудных гор (Erzgebirge,) на юге и до Балтийского моря на севере.

Дополнительная литература:

Гильфердинг, А. Ф.: История балтийских славян. Русско-Балтийский информационный центр «БЛИЦ», Москва 2013; ISBN 978-5-93165-227-6.

143. Ободриты (Obodriten, Abodriten, Abotriten или Bodrizen) проживали в нижнем течении Эльбы. Наибольшего развития самостоятельное государство ободритов достигло при Прибыславе I (1135–1146) и Никлоте (1135–1160), который явился родоначальником «Мекленбургского дома» („Haus Mecklenburg"), правившим Западной Померанией с XII века до 1918 года.

Дополнительная литература:

Гильфердинг, А. Ф.: История балтийских славян. Русская панорама / Русско-Балтийский информационный центр «БЛИЦ», Москва 2013; ISBN 978-5-93165-227-6.

144. Лотарь II (Lothar von Supplinburg; 1075–1137) – граф Суплинбурга, герцог Саксонии с 1106 года, король Германии с 1125 года, император Священной Римской империи с 1133 года.

Дополнительная литература:

Лотарь II // Энциклопедический словарь Брокгауза и Ефрона в 86 томах. АО «Ф. А. Брокгауз – И. А. Ефрон», Санкт-Петербург 1890–1907.

145. Кнуд Лавард (Knud Lavard; 1096–1131) – герцог Шлезвига.

Дополнительная литература:

Windmann, Horst: Schleswig als Territorium. Wachholtz, Neumünster 1954.

146. Айдер (Эйдер; нем. Eider, дат. Ejderen, лат. Egdor) – река в Германии, самая длинная в земле Шлезвиг-Гольштейн, её длина составляет 188 км.

Дополнительная литература:

Meier, Dirk: Die Eider / Flusslandschaft und Geschichte. Boyens Buchverlag, Heide 2016; ISBN 978-3804214347.

147. Шляй (Шлай, Шлиен, нем. Schlei, дат. Slien) – длинная фиордообразная бухта Балтийского моря на севере Германии, вдаётся на 42 км в восточный берег земли Шлезвиг-Гольштейн.

Дополнительная литература:

Kolbeck, Hans Heinrich: Die Schlei / Grüner Arm der Ostsee von Schleswig bis zur Mündung. Schöning, 2009; ISBN 3-89917-288-4.

148. *Примечание Константина Хёльбаума.*
См.: Helmold I, 49, Mon. Germ. hist. стр. 21.

Примечание переводчика:

Helmold = Гельмольд из Босау (Helmold von Bosau; 1120–1177) – хронист XII столетия, автор «Славянской хроники» («Chronicon Slavorum»), написанной на латыни.

Дополнительная литература:

Helmold: Chronik der Slaven (Übersetzt von Josef M. Laurent und Wilhelm Wattenbach, herausgegeben von Alexander Heine). Phaidon, Essen / Stuttgart 1986; ISBN 3-88851-102-X.

149. Родовое поместье графов Шауэнбург-Гольштейн (Grafen von Schauenburg und Holstein) находилось около Ринтельна (Rinteln) на Везере.

Дополнительная литература:

Auge, Oliver; Kraack, Detlev: 900 Jahre Schauenburger im Norden / Eine Bestandsaufnahme (= Quellen und Forschungen zur Geschichte Schleswig-Holsteins, 121). Wachholtz, Kiel 2015; ISBN 978-3-529-02221-0.

150. Адольф II (Adolf II. von Schauenburg und Holstein; 1128–1164) – основатель Любека.

Дополнительная литература:

Maybaum, Heinz: Adolf II., Graf von Holstein. // Neue Deutsche Biographie, Band 1, Duncker & Humblot, Berlin 1953; S. 78; ISBN 3-428-00182-6.

151. Вакениц (Wakenitz) – правый приток реки Тра́ве длиной 15 км.

Дополнительная литература:

Wakenitz – zweite Lebensader Lübecks. Berichte des Vereins „Natur und Heimat“ und des Naturhistorischen Museums zu Lübeck, Heft 17/18. Lübeck 1982, ISSN 0067-5806.

152. Лёвенштадтом (Löwenstadt, Lewenstadt) называют неудачную попытку Генриха Льва (см. 60) основать в 1158 году портовый город на реке Вакениц (см. 151) в противовес Любеку.

153. Артленбург (Artlenburg) – город на Эльбе в Нижней Саксонии.

Дополнительная литература:

Hoffmann, August: Sippenbuch der Gemeinde Artlenburg 1640–1938. Artlenburg 1987.

154. См.: 88.

155. *Примечание Константина Хёльбаума.*

Относительно датировки см. Frensdorff, Das lüb. Recht nach seinen ältesten Formen (Lpzg. 1872) стр. 17 примеч. 3; ср. также Lüb. U. B. I , Nr . 170.

Примечание переводчика:

О Фердинанде Френсдорфе см. 141.

156. Медебах (Medebach) – город в Германии, расположен в земле Северный Рейн-Вестфалия. Население составляет 7912 человек (на 31 декабря 2010 года). Дополнительная литература: Klueting, Harm: Geschichte von Stadt und Amt Medebach (Hochsauerland). Stadt Medebach, Medebach 1994.

157. *Примечание Константина Хёльбаума.*
См. первоисточник: Seibertz, U. B. z. Landes- u. Rgsch. Westf. 1, стр. 73. Исправление Rutia на Rugia в Urk. Gesch. d. D. Hanse 2, стр. 7 является необоснованным, поскольку также и в оригинале можно прочесть Rucia, и поскольку ведшаяся Вальдемаром I Великим в 60-е годы борьба против острова Рюген (Rügen) в конце концов завершилась победой над язычниками и морскими разбойниками, условия для торговли там были более чем благоприятными. Ср. также Fock , Rüg, Pomm. Geschichten, стр. 15 примеч.

Примечание переводчика:
Seibertz = Иоганн Зуиберт Зайбертц (Johann Suibert Seibertz; 1788; † 1871) был немецким юристом и историком. Он написал три тома (1839–1854) Urkundenbuch zur Landes- und Rechtsgeschichte des Herzogthums Westfalen. Георг Фридрих Сарториус (Georg Friedrich Sartorius; 1765–1828, с 1827 года – барон фон Вальтерсгаузен / Freiherr von Waltershausen) был профессором Гёттингенского университета имени Георга-Августа (Georg-August-Universität Göttingen). Он написал труд Urkundliche Geschichte des Ursprunges der deutschen Hanse. Fock = Отто Генрих Фридрих Фок (Otto Heinrich Friedrich Fock;1819–1872) был немецким теологом и историком, в 1861–1872 годах он издал шеститомный труд Rügensch-Pommersche Geschichten aus sieben Jahrhunderten.

158. См. 148.

159. Даргун (Dargun) – город в Германии, в земле Мекленбург-Передняя Померания.

Дополнительная литература:
Krüger, Heinz: Das alte Dargun / Ein historischer Streifzug durch den Flecken. Kunsthaus, Boddin 2005, ISBN 3-933274-54-0.

160. Имеется в виду Восточный Гольштейн (Ostholstein) – район в Германии, в настоящее время входящий в состав федеральной земли Шлезвиг-Гольштейн.
Дополнительная литература:
Auge, Oliver; Scharrenberg, Anke: Besonderes (aus) Ostholstein / Beiträge zur Geschichte der Region / Eutiner Forschungen / Sonderband. Husum Verlag, Husum 2020; ISBN 978-3-96717-016-0.

161. Зоест (Soest) – город в земле Северный Рейн-Вестфалия.
Дополнительная литература:
Köhn, Gerhard: Soest in der Geschichte / Ein Kalender von 5500 v. Chr. bis 1996 mit ausführlicher Literaturliste. Soest 1997; ISBN 3-87902-605-X.

162. *Примечание Константина Хёльбаума.*
См. стр. 43 (оригинальной статьи – прим. переводчика), в настоящем издании – стр. 34

163. Кнуд Лавард (Knud Lavard, Knut Laward (1096–1131) был с 1114 по 1130 ярлом (Jarl) и первым герцогом герцогства Шлезвиг (Herzogtum Schleswig), а также с 1129 года – последним вождём племенного объединения ободритов.

164. Висбю (швед. Visby) – сейчас главный город шведского острова Готланд, административный центр лена Готланд.
Дополнительная литература:
Bohn, Robert: Wisby – Die Keimzelle des hansischen Ostseehandels. // Bracker, Jörgen (Hrsg.): Die Hanse – Lebenswirklichkeit und Mythos. Schmidt-Römhild, Lübeck 2006; S. 269–282; ISBN 3-7950-1275-9.

165. *Примечание Константина Хёльбаума.*
Schlyter, Corp. jur. Sueo-Gotorum antiqui 8, 21.

Примечание переводчика:
Schlyter = Карл Иоганн Шлютер (Carl Johan Schlyter (1795–1888) был шведским правоведом, историком, педагогом. Он написал тринадцатитомный труд Corpus iuris sueo-gotorum antiqui. Samling af Sweriges gamla lagar. C. W. K. Gleerup, Lund 1877.

166. У Константина Хёльбаума: Lichnatus.

167. У Константина Хёльбаума: Odelricus.

168. У Константина Хёльбаума: Choruzka. Упоминание о событии, произошедшем в «Хоружке», содержится в «Новгородской летописи по Синодальному списку»; в более поздних работах упоминается «Горсхэлл» / «Хоружск».

169. Название города Торжок происходит от слова «торг», т. е. «торговое место». Начиная с XII века в летописях встречаются названия «Новый Торг» и Торжок».
Дополнительная литература:
Суслов А. А.; Фомин А. А.: Торжок и его окрестности. Московский рабочий, Москва 1983.

170. *Примечание Константина Хёльбаума.*
Vollst. Sammlg. russ. Jahrbücher 3, стр. 20 v. J. 6696, где также сообщается о побоище под соответствующим годом. См.также: Riesenkampff, Der Deutsche Hof zu Nowgorod b. z. seiner Schliessung 1494 (Dorp. 1854) стр. 14.
Примечание переводчика:
Автор ссылается на Новгородскую летопись по Синодальному списку (Полное собраніе русскихъ лѣтописей / Томъ третій / IV Новгородскія лѣтописи. Санктпетербургъ / въ типографіи Эдуарда Праца / 1841.)

Riesenkampff = Riesenkampff, N. G.: Der deutsche Hof zu Nowgorod bis zu seiner Schliessung durch Iwan Wassiljewitsch III. im Jahre 1494. Schünmann's Wittwe & C. Mattiesen, Dorpat 1854

171. Ярослав Владимирович (ум. после 1205) – новгородский князь в 1182–1184, 1187–1196 и 1197–1199 годах, князь торжский в 1196–1197 годах.
Дополнительная литература:
Ярослав Владимирович, князь новгородский // Энциклопедический словарь Брокгауза и Ефрона в 86 томах. АО «Ф. А. Брокгауз – И. А. Ефрон», Санкт-Петербург 1890–1907.

172. У Константина Хёльбаума: Mirozka.

173. У Константина Хёльбаума: Jakob.

174. *Примечание Константина Хёльбаума.*
Livl. U. B. № 3010; о датировке см.: Bonnell, Russisch-livländ. Chronographie, Commentar, S. 48.
Примечание переводчика:
Livl. U. B. = Liv-, Esth- und Curländisches Urkundenbuch nebst Regesten. Kluge und Ströhm, Reval 1853–1914. Издателем двенадцатитомного труда с тремя приложениями был российский историк Фридрих Георг фон Бунге (Friedrich Georg von Bunge; 1802–1897). Bonnell = Эрнст Боннелл (Ernst Friedrich Wilhelm Bonnell; 1817–1893) был российским историком, педагогом, библиотекарем Императорской публичной библиотеки в Санкт-Петербурге, действительным статским советником. Он написал Russisch-liwländische Chronographie von der Mitte der neunten Jahrhunderts bis zum Jahre 1410, St. Petersburg 1882.

175. У Константина Хёльбаума: Arbud (Herbord?)

176. У Константина Хёльбаума: Griga. Автор ссылается на источники, указанные в ссылке 174.

177. Сарматская равнина (sarmatische Ebene) – Восточноевропейская часть Евразийской степи.
Дополнительная литература:
Черных, Е. Н: Степной пояс Евразии / феномен кочевых культур. Рукописные памятники Древней Руси, Москва 2009; ISBN 978-5-9551-0290-0.

178. Рёрик (лат. Roric, Rorich, Rorik) упоминается в средневековых хрониках как правитель фризского торгового города Дорестада (Dorestad), находившегося в низовьях Рейна, и ряда фризских земель в 841–873 годы. В 863–870 годах он предпринял поход в Восточную Европу, заложив ряд городов. Весомым аргументом в пользу отождествления Рёрика с летописным Рюриком, основателем российской государственности, можно также считать близкое соответствие археологических слоёв ютландского города Рибе и Старой Ладоги времён Рюрика.
Дополнительная литература:
Пчелов, Е. В.: Был ли древнерусский Рюрик Рориком ютландским? // Вопросы истории, 2012, № 10. РАН, Москва; стр. 97–109.

179. Свен III Грате (дат. Svend 3. Grathe; ок. 1125–1157) был королём Дании с 1146 года.
Дополнительная литература:
Водовозов, В. В.; Винклер, П. П.; Книпович, Н. М.; Лучицкий, И. В.; Прозоровский, Д. И.: Дания // Энциклопедический словарь Брокгауза и Ефрона в 86 томах. АО «Ф. А. Брокгауз – И. А. Ефрон», Санкт-Петербург 1890–1907.

180. *Примечание Константина Хёльбаума.*
Saxo Grammaticus, ed. Müller et Velschow I , S. 713.
Hansische Geschichtsblätter II .

Примечание переводчика:
Saxo Grammaticus = Саксон Грамматик (лат. Saxo Grammaticus; ок. 1140–ок. 1216) был датским летописцем, изложившим в шестнадцатитомной хронике «Деяния данов» (лат. Gesta Danorum) древнейшие саги. Müller = Петер Эрасмус Мюллер (Peter Erasmus Müller; 1776–1834) был датским лютеранским епископом, историком и лингвистом. Вместе с Хансом Матиасом Велшовым подготовил к изданию «Деяния данов». Velschow = Ханс Матиас Велшов (Hans Mathias Velschow; 1796–1862) был датским историком. Вместе с Петером Эрасмусом Мюллером подготовил к изданию «Деяния данов».

181. Ярослав Владимирович (Мудрый; ок. 978–1054) был князем Ростовским (987–1010), князем Новгородским (1010–1034), Великим князем Киевским (1016–1018, 1019–1054). При нём был составлен первый известный свод законов русского права, который вошёл в историю как «Русская правда».

182. *Примечание Константина Хёльбаума.*
См. также Bonnell, там же, стр. 24; Riesenkampff, там же, стр. 13, 14.

183. Куна – также средневековая серебряная монета. Нередко кунами назывались деньги вообще; сравни в старофризском – ‚cona‘, в английском ‚coin‘ – ‚монета‘.
Дополнительная литература:
Спасский, И. Г. : Русская монетная система / Место и значение русской монетной системы в мировом денежном хозяйстве. Издательство Государственного Эрмитажа, Ленинград 1962.

184. *Примечание Константина Хёльбаума.*
Необоснованными являются рассуждения Behrmann о возникновении новгородского двора в его

книге De Skra van Nougarden (Kopenhagen 1828) и Andrejewski ‚Der Vertrag zwischen Nowgorod, den deutschen Städten und Gotland 1270 (Petersb. 1855 russisch), которые старейшую Скру относят к третьей четверти 12 века и считают, что на неё повлияло Любекское право. См. Lappenberg, Jahrb. f. wissensch. Kritik, Berlin 1830 Januar, стр. 36 и далее; или Riesenkampff, там же.

Примечание переводчика:

Behrmann = Генрих Берманн (Heinrich Behrmann; 1770–1836) был немецко-датским педагогом и историком. Он написал историческое исследование Skra van Nougarden: Die Handels-Gerichts- und Polizcy-Ordnung des deutschen Handels-Hofes zu Nowgorod in uralten Zeiten, ins jetzige Deutsche übertragen, nebst einer einleitenden Vorerinnerung, einer Vergleichung derselben mit dem lübschen Recht, und erläuternden Anmerkungen. Kopenhagen 1828. Andrejewski = Иван Ефимович Андреевский (1831–1891) был русским историком, профессором и ректором Императорского Санкт-Петербургского университета, директором Санкт-Петербургского Императорского Археологического института, редактором первых восьми томов Энциклопедического словаря Брокгауза и Ефрона. Его перу принадлежит сочинение «О договоре Новагорода с немецкими городами и Готландом, заключённом в 1270 году», СПб., 1855. Lappenberg = Иоганн Мартин Лаппенберг (Johann Martin Lappenberg; 1794–1865) был немецким историком. 19 декабря 1834 года он был избран членом-корреспондентом Императорской Академии наук в Санкт-Петербурге. Печатался в берлинских «Ежегодниках для научной критики» (Jahrbücher für wissenschaftliche Kritik) Riesenkampff, см. 170.

185. В 1360 году в норвежском портовом Бергене (Bergen) была создана контора (представительство) Ганзейского союза, через которую осуществлялась, в основном, торговля рыбой из Северной Норвегии, а также зерном из Европы. Группа зданий конторы на пристани называлась Tyskebryggen («немецкая пристань»).

Дополнительная литература:

Burkhardt, Mike: Der hansische Bergenhandel im Spätmittelalter / Handel – Kaufleute – Netzwerke. Böhlau, Köln 2009; ISBN 978-3-412-20352-8.

186. Константин Всеволодович («Мудрый», «Добрый»; 1185–1218) был князем Новгородским (1205–1208), князем Ростовским (1208–1216), Великим князем Владимирским (1216–1218).

Дополнительный источник:

Константин Всеволодич Мудрый // БИОГРАФИЧЕСКИЙ УКАЗАТЕЛЬ; http://www.hrono.ru/biograf/bio_k/konst10vsev.php

187. *Примечание Константина Хёльбаума.*
Lüb. U. B. 1, стр. 699 (неверно 1231), Livl. U. B. 1, S. 527, Napiersky, Russisch-livländ. Urkunden стр. 16

Примечание переводчика:

Lüb. U. B. = Urkundenbuch der Stadt Lübeck / Codex diplomaticus Lubecensis был издан благодаря стараниям педагога и историка Карла Фридриха Верманна Carl Friedrich Wehrmann (1809–1898), который в 1854 году стал первым государственным архивариусом Любека. Napiersky = Карл Эдуард Напиерский (Carl Eduard Napiersky; 1793–1864) был историком и краеведом, в 1843 году стал членом-корреспондентом Санкт-Петербургской Академии наук по разряду истории и древностей российских. В 1868 году Санкт-Петербургской археографической комиссией были опубликованы полготовленные им к изданию «Русско-ливонские акты» (Russisch-livländische Urkunde).

188. См. 124.

189. *Примечание Константина Хёльбаума.*
См.: Urkdl. Gesch. 2, стр. 27, также Hanserecesse I, стр. 31.

Примечание переводчика:
Urkdl. Gesch. = Urkundliche Geschichte des Ursprunges der deutschen Hanse, см. 157. Hanserecesse = Die Recesse und andere Akten der Hansetage. Первые 8 томов «Договоров и других актов ганзейских съездов», охватывающих период с 1256 по 1430 год, подготовил к публикации Георг Фридрих Карл Коппманн (Georg Friedrich Karl Koppmann; 1839–1905), последующие семь томов (1431–1476) – Госвин фон дер Ропп (Goswin Freiherr von der Ropp; 1850–1919), заключительные девять томов (1477–1530) – Дитрих Шефер (Dietrich Schäfer; 1845–1929). Многолетний труд печатался с 1870 по 1913 год в Лейпциге, в типографии Duncker & Humblot.

190. Константин Хёльбаум ссылается на место в «Хронике Ливонии Генриха» (Heinrici Chronicon Lyvoniae), см. 28.

191. Сконе (швед. Skåne, также Шония, Скания) – историческая провинция в южной Швеции.

192. Листер (швед. Listers härad) – часть исторической провинции Блекинге (швед. Blekinge) на юге Швеции.

193. Блекинген (швед. Blekinge), см. 192.

194. *Примечание Константина Хёльбаума.*
См. Livl. U. B. 3, Reg. 244a, Heinr. v. Lettland VII, 1, XXV, 2.

195. Форё (швед. Fårö, готл. Faroy) – остров в Балтийском море, к северу от острова Готланд.

196. См. 132.

197. Константин Хёльбаум ссылается на место в «Хронике Ливонии Генриха» (Heinrici Chronicon Lyvoniae), см. 28.

198. *Примечание Константина Хёльбаума.*
Также Коль (см. 34) приводит это и другие места (I, 6, II, II, 3, 8, III, 2, X, 9), правда, несмотря на предыдущее содержание, приходит к иному выводу и полагает, что ироничные слова «Сколько стоят соль и ватола (грубая ткань – А. Д.) на Готланде?», которые Генрих (см. 28) вкладывет в уста ливов, проливают особенно яркий свет на взаимоотношения, распространённые на Двине: «Это, обмолвленное (?) ливами высказывание, доказывает, что уже в девяностых годах 12 века цены на двинских рынках соотносились с готландскими (!)»

199. См. 72.

200. Бертольд Шульте (лат. Bertoldus, нем. Berthold Schulte; ? – 24 июля 1198) – второй епископ Икскюльский, см. 73.

201. Альберт фон Буксгевден (Albert von Buxhoeveden; 1165–1229), см. 74.

202. Когг (Kogge) – средневековое одномачтовое палубное парусное судно с высокими бортами и мощным корпусом, оснащённое прямым парусом площадью 150–200 м^2. Использовалось как основное торговое, а также военное судно Союза ганзейских городов. По наиболее распространённой версии когги были изобретены фризами.

Дополнительная литература:
Bass, George F.: A History of Seafaring / Based on Underwater Archaeology. Thames and Hudson, London 1972; ISBN 0-500-01077-3.

203. См.: 34.

204. Тибр – река, протекающая через Рим, который был основан на её восточном берегу.

205. *Примечание Константина Хёльбаума.*
Livl. U. B. Nr. 20. В довершение, о более ранних событиях я отсылаю к Livl. U. B. Nr. 94, 3, Nr. 73a, Lüb. U. B. 2, Nr. 13.
Примечание переводчика:
Livl. U. B. = Liv-, Esth- und Curländisches Urkundenbuch nebst Regesten. Kluge und Ströhm, Reval 1853–1914, см. 174.

206. В основе «испытания огнём» – «Божьего суда» – лежало религиозное представление о том, что истина могла быть установлена только вмешательством Бога. Испытание раскалённым железом применялось, когда обычные судебные средства не давали нужных результатов; если на месте ожога возникали волдыри, то испытуемый считался виновным.
Дополнительная литература:
Dinzelbacher, Peter: Das fremde Mittelalter. Gottesurteil und Tierprozess. Magnus, Essen 2006; ISBN 978-3-88400-504-0.

207. *Примечание Константина Хёльбаума.*
Livl. U. B. Nr. 75 (также Nr. 126), откуда следует изложенное. Несмотря на все выдвинутые также против Коля (см. там стр. 3, 35, 39) возражения, [в дальнейшем] останется закон немцев на Готланде, а не какой-то готландский закон.

208. Вильгельм Моденский (Wilhelm von Modena, ок. 1184–1251) – итальянский кардинал и папский дипломат, вице-канцлер Римско-католической церкви с 1219 по 1222, епископ Модены с 1222 по 1233. При его посредничестве и участии был подписан договор об основании Ливонского ордена как государственного образования Немецкого ордена.

Дополнительная литература:

Хрусталёв, Денис Григорьевич: Северные крестоносцы. Русь в борьбе за сферы влияния в Восточной Прибалтике XII–XIII вв. Евразия, СПб. 2009; ISBN 978-5-8071-0447-2.

209. Синдик (др.-греч. σύνδικος), здесь – выборный городской глава.

210. Константин Хёльбаум ссылается на место в «Хронике Ливонии Генриха» (Heinrici Chronicon Lyvoniae), см. 28.

211. *Примечание Константина Хёльбаума.*
Обе цитаты из Hanserecesse 1, стр. XXXI и XXXV; также Koppmann считает, что первооткрыватели Ливонии были из Висбю. См. также Pabst в Archiv 4, стр. 121.

212. Арнольд Любекский (Arnold von Lübeck, ок. 1212 – аббат бенедиктинского монастыря св. Иоанна в Любеке, автор продолжения (1171–1209) «Славянской хроники» (Chronica Slavorum) Гельмольда из Босау (Helmold von Bosau).

Дополнительная литература:

Freund, Stephan; Schütte, Bernd: Die Chronik Arnolds von Lübeck / Neue Wege zu ihrem Verständnis. Lang, Frankfurt am Main 2008; ISBN 978-3-631-57417-1.

213. *Примечание Константина Хёльбаума.*
См. Hildebrand, Das Rig. Schuldbuch 1286–1352 (Petersb. 1872) стр. X L .
Примечание переводчика:
Герман Христиан Гильдебранд (Hermann Christian Hildebrand; 1843–1890) был прибалтийским историком, архивариусом и педагогом, являлся членом Курляндского общества литературы и искусств и Прибалтийского общества истории и древностей. Он издал собрание документов «Рижская долговая книга (Das Rigische Schuldbuch (1286–1352). St. Pbg., 1872).

214. Гронинген (нидерл. Groningen, н.-нем. Grunnen, з.-фриз. Grins) – город на севере Нидерландов.
Дополнительная литература:
Stelljes, Wolfgang: Groningen / Die junge Kulturstadt. Edition Temmen, Bremen 2012; ISBN 978-3-8378-3004-0.

215. Friedrich Dumbe.

216. *Примечание Константина Хёльбаума.*
Koppmann, Hanserecesse 1, стр. XXIX уже обращает на это внимание. Договор напечатан. Livl . U. B. №. 101, Napiersky там же стр. 420–447; следуя неверному переводу в Lüb. U. B. 1, стр. 689 ff.

217. Вендский союз городов (Wendische Städtebund) был заключён в 1259 году между Любеком, Штральзундом (Stralsund), Висмаром (Wismar), Килем (Kiel) и Ростоком (Rostock). Позже к нему присоединились и другие города северной Германии.
Дополнительная литература:
Dollinger, Philippe: Die Hanse. Kröner, Stuttgart 1998, ISBN 3-520-37105-7.

218. Фридрих II (Friedrich II von Hohenstaufen; 1194–1250) был королём Германии (Римским королём) с 5 декабря 1212 года и императором Священной Римской империи с 22 ноября 1220 года.

Дополнительная литература:

Тарле, Е. В.: Фридрих II Гогенштауфен // Энциклопедический словарь Брокгауза и Ефрона в 86 томах. АО «Ф. А. Брокгауз – И. А. Ефрон», Санкт-Петербург 1890–1907.

219. Имеются в виду немецкие государства Священной Римской империи.

Дополнительная литература:

Рапп_ Ф.: Священная Римская империя германской нации. Евразия, Санкт Петербург 2009; ISBN 978-5-8071-0327-7.

220. Шиллинг (Schilling) – германизированное название солида (Solidus). В Германии шиллинг равнялся 12 пфеннигам, которые в 13 веке, как правило, были серебряными.

Дополнительная литература

Шиллинг, монета // Энциклопедический словарь Брокгауза и Ефрона в 86 томах. АО «Ф. А. Брокгауз – И. А. Ефрон», Санкт-Петербург 1890–1907.

221. Иоганн фон Ратцебург (Johann von Ratzeburg «Иоганн из Ратцебурга»). Ратцебург (нем. Ratzeburg, н.-нем. Ratzborg, полаб. Ратибор) – город в Германии, расположенный в земле Шлезвиг-Гольштейн. Ратибор был центральным городом полабов.

Дополнительная литература:

Kaack, Hans-Georg: Ratzeburg Geschichte einer Inselstadt. Wachholtz, Neumünster 1987; ISBN 3-529-02683-2

222. Фридрих фон Любек (Friedrich von Lübeck «Фридрих из Любека»).

223. Бернхард фон Мюнстер (Bernhard von Münster «Бернхард из Мюнстера).

224. Арнольд фон Зёст (Arnold von Soest «Арнольд из Зёста).

225. Фольмар фон Кальмар (Volmar von Kalmar «Фольмар из Кальмара). Кальмар (швед. Kalmar) – город на юго-востоке Швеции, на берегу Балтийского моря.

226. Иоганн фон Мёлльн (Johann von Mölln «Иоганн из Мёлльна»). Мёльн (Mölln) – город в Германии, в земле Шлезвиг-Гольштейн, входит в состав района Герцогство Лауэнбург (Kreis Herzogtum Lauenburg).

227. Готтшальк фон Бардевик (Gottschalk von Bardewik «Готтшальк из Бардевика»).

228. Генрих VII (Heinrich VII; 1275–1313) – король Германии (Римский король) с 27 ноября 1308 года, император Священной Римской империи с 29 июня 1312 года.

Дополнительная литература:

Форстен Г. В.: Генрих VII, германский император // Энциклопедический словарь Брокгауза и Ефрона в 86 томах. АО «Ф. А. Брокгауз – И. А. Ефрон», Санкт-Петербург 1890–1907.

229. Герман фон Дерпт (Hermann von Dorpat «Герман из Дерпта»).

230. Земландский полуостров (Samland) – полуостров в восточной Европе, ныне на территории Калининградской области.

231. Преголя (Pregel) – река, впадающая в Калининградский залив Балтийского моря, её длина – 123 км, протекает через Калининград.

232. Монастырь св. Иоанна (St.-Johannis-Kloster) в Любеке был основан в 1177 году, посвящён Иоанну Евангелисту.

233. Монастырь Зегеберг (Kloster Segeberg) был основан в 1134 году, находится в городе Бад-Зегеберг (Bad Segeberg), в исторической области Германии Гольштейн (Holstein).

234. *Примечание Константина Хёльбаума.*
См. Livl . U. B. № . 90, 92, 98 (ещё Hausmann, там же стр. 77 примеч. I),), 110, 113, 129, 130, 141, 192, 194, Lüb. U. B. I, Nr. 36, 41, 51 (ещё стр. 250), 55, 67, 117, 110, 2, Nr. 12, 13.
– Я хотел бы так же, как и Damus в Die Slavenchronik Arnolds von Lübeck (Lüb. 1873, стр. 20) утверждать, что полученная Арнольдом информация о Ливонии базировалсь не на полученных им письмах, а на устных рассказах. Благодаря постоянным контактам Любека [с Ливонией] у Арнольда было достаточно возможностей получить точные данные от путешественников.

235. Гартвиг II (Hartwig II., Hartwig von Utlede; ? –1207) – немецкий священник, который в качестве князя-архиепископа Бременского был одним из инициаторов Ливонского крестового похода.
Дополнительная литература:
Glaeske, Günter: Hartwig II.: Neue Deutsche Biographie, Band 8. Duncker & Humblot, Berlin 1969; ISBN 3-428-00189-3;S. 11.

236. Кукенойс (лат. Kukenoys, Kukenois, нем. Kokenhusen, латыш. Koknese) – исторический населённый пункт в Латвии, примерно в 100 км к востоку от Риги, на правом берегу Западной Двины (Даугавы). В начале XIII века Кукенойс являлся столицей Кукенойсского княжества (лат. Terra Kukonois, нем. Fürstentum Kokenhusen).

Дополнительная литература:

Кокенгаузен // Энциклопедический словарь Брокгауза и Ефрона в 86 томах. АО «Ф. А. Брокгауз – И. А. Ефрон», Санкт-Петербург 1890–1907.

237. Герцике (Ерсика, нем. Gerzika, лат. Gercike, латыш. Jersika) – исторический населённый пункт в Латвии, центр средневекового Герсикского княжества (Königreich Jersika Königreich).

Дополнительная литература:

Булкин, В. А.: Герцике и Кукейнос / К постановке проблемы // Проблемы отечественной и всеобщей истории, Вып. 11. Изд-во Ленингр. ун-та, Ленинград 1988.

238. Угауния (Уганди, лат. Ungannia, Ugaunia, н.-нем. Uggn) – историческая область на юго-востоке современной Эстонии.

239. Оденпе (нем. Odenpäh, эст. Otepää, Отепя) – город в Эстонии, в котором находятся развалины замка Оденпе XIII века.

240. Константин Хёльбаум ссылается на «Хронику Ливонии Генриха» (Heinrici Chronicon Lyvoniae), см. 28.

Источники

Brotze, Johann Christoph: Sammlung verschiedner Liefländischer Monumente, Prospecte, Müntzen, Wapen. Erster Theil. 1771.
https://commons.wikimedia.org/wiki/File:Riga_1650.jpg стр. 12

Münster, Sebastian: Cosmographia. Heinrich Petri, Basel 1544.
https://upload.wikimedia.org/wikipedia/commons/2/29/Riga_%28Cosmographia_%28Sebastian_M%C3%BCnster%29%29.jpg стр. 19

Saur, Abraham: Theatrum Urbium. Warhafftige Contrafeytung/ und Summarische Beschreibung/ fast aller vornemen und namhafftigen Stätten/ Schlössern und Klöster ... Richter, Frankfurt 1610 (Erstausgabe: 1593).
https://commons.wikimedia.org/wiki/File:Theatrum_Vrbium_00119_Riga.jpg стр. 25

Braun, Georg; Hogenberg, Frans: Civitates Orbis Terrarum. 1572–1618.
https://commons.wikimedia.org/wiki/File:Panorama_of_Riga,_1572.jpg стр. 58

https://jf-stamps.dk/en-GB/lot/49863/latvia-1920-feldpost-6-rigas-kahjneeku-pulks-aktiwa-armija-preeksch-paketem стр. 59

Неуказанные в источниках иллюстрации взяты из архива автора перевода.